AI와 콘텐츠 창작

인공지능총서

인공지능 시대입니다. 기계가 인간의 인지를 대신하고, 사물이 인간을 통하지 않고 다른 사물과 직접 커뮤니케이션합니다. 이에 따른 인간 삶과 문명 변화를 정확히 이해 · 예측 · 대응하는 것은 이 시대 우리 모두의 과제입니다. 인공지능총서는 인공지능 기술과 환경의 여러 주제를 10가지 키워드로 정리합니다. 관련 개념과 이론, 학계와 산업계의 쟁점, 우리 일상의 변화를 다룹니다. 인간과 기술의 현재, 미래를 세심히 분석합니다.

일러두기

- 인명, 작품명, 저서명, 개념어 등은 한글과 함께 괄호 안에 해당 국가의 원어를 병기했습니다.
- 외래어 표기는 현행 어문규정의 외래어표기법을 따랐습니다.

처음이세요?

전문가세요?

AI와 콘텐츠 창작

박혜리

대한민국, 서울, 커뮤니케이션북스, 2025

AI와 콘텐츠 창작

지은이 박혜리
펴낸이 박영률

초판 1쇄 펴낸날 2025년 5월 9일

커뮤니케이션북스(주)
출판 등록 2007년 8월 17일 제313-2007-000166호
02880 서울시 성북구 성북로 5-11
전화(02) 7474 001, 팩스(02) 736 5047
commbooks@commbooks.com
www.commbooks.com

ISBN 979-11-7307-954-2 03500

책값은 뒤표지에 표시되어 있습니다.

차례

AI와 함께 발전하는 디지털 콘텐츠 창작 예술

새로운 기술의 등장은 대중에게 다양한 환경의 변화를 가져오며 사람들의 사고방식도 다른 형태로 변모했다. 4차 산업 혁명(Industry 4.0, Fourth Industrial Revolution)으로 인해, 새로운 기술인 인공지능(AI)의 발전은 사람들의 일상에도 많은 영향을 끼쳤다. 이것은 문화와 생활 환경 전반에 걸쳐 영향을 주었으며, 콘텐츠 트렌드 변화의 주기가 점점 짧아지는 현상을 낳았다.

신기술의 등장은 사회 구조와 공동체에 많은 변화를 가져왔다. 4차 산업 혁명의 대표 기술인 '인공지능, 빅 데이터(Big Data), 사물 인터넷(IoT; Internet of Things), 로봇 공학(Robotics), 3D 프린팅(Additive manufacturing)'은 기계와 인간의 공존 및 협업 체계를 구축하는 것에 집중하게 했다. 이러한 부분이 가져올 미래 사회는 '기계와 인간의 협력적 소통 역량'이 중요한 시대가 될 것이라고 예측된다(Marr, 2021).

디지털 콘텐츠 창작 분야는 신기술의 영향을 빠르게

받는 영역에 속한다. 창작 예술 분야이지만, 예술을 표현하는 도구가 디지털 기술에 기반하고 있기 때문이다. 이를 통해 기술의 발전이 디지털 콘텐츠의 변화를 필수적으로 수반한다는 것을 알 수 있다. 디지털 콘텐츠 창작은 과학 기술과 예술의 영역이 융합해 하나의 형태로 제작되는 것이기 때문에 순수 회화 작품과는 다른 형태로 발전했다. 그리고 최근에는 AI를 어떻게 활용하느냐 하는 문제로 예술계에서 신기술 접목에 대한 다양한 논의가 진행되고 있다.

AI 활용 방안으로서 디지털 콘텐츠 창작 분야는 여러 형태로 새로운 예술로 도약을 시작했다. 과학 기술은 역사적으로 시대별로 예술 분야의 수단과 재료로서 새로운 방법론을 제시했고, 창조 활동에 활용되어 왔다. 과학 기술이 변모함에 따라 예술은 새로운 현대적인 미와 가치를 창출했고, 기술과의 융합을 이루어 냈다. 1920~1930년대 미국 산업의 성장은 제품의 생산성 증가에 따라 대중의 삶의 질을 향상시켰다. 당시 기계화에 대해 부정적인 시각도 있었으나, 기계에 대해 긍정하는 긍정론자들에 의해 기계를 예술의 영역으로 적용하고자 하는 시도 속에 기계적 아름다움이 주목받게 되었다(나상세, 2018).

예술은 그 시대의 사회적인 현상을 반영하는데, 다양한 디지털 기술을 활용한 예술은 필수적으로 과학 기술과 융합하는 양상을 띠게 된다. 예술과 과학의 융합은 생명이 없는 물질적인 재료에 인위적으로 생명력을 불어넣어 예술가의 정신을 표현한다. 이러한 작품들은 상상력을 기반으로 다양한 감각을 표현하며, 기술과 예술은 창조를 근간으로 하고 있기 때문에 역사적으로 함께 발전해 왔다.

19세기부터 기술과 예술은 대립적으로 구분되어 왔으나, 1960년대 들어서 서로 차이점을 인정하면서 유사성을 탐구하기 시작했다. 기술과 예술의 첫 융합 시도는 1920년 마르셀 뒤샹(Marcel Duchamp, 1887~1968)의 〈회전판(Rotative plaques verre)〉이었다. 마르셀 뒤샹은 과학과 예술을 융합한 예술 분야의 하나인 '키네틱 아트(Kinetic Art)'의 선구자로 손꼽힌다. '키네틱 아트'는 '움직이는 예술'로, 마르셀 뒤샹의 〈회전판〉은 시각적인 효과를 위해서 입체적인 구조물을 전기 장치를 이용해 움직이게 만든 작품이었다. 이러한 영향을 기반으로, 1960년 알렉산더 콜더(Alexander Stirling Calder)의 〈모빌(mobile)〉이 등장하면서 과학과 예술의 융합이 본격화되었다. 기술과 예술의 융합적인 시도는 1960년대 뉴욕을 중심으로 활동하고 있던 예술가 및 공학자 들이 만든 'E.A.T.(Experiments in Art and Technology)' 협업체를 통해 주로 이루어졌다. 이 단체는 회원이 6000여 명이 될 정도로 다양한 예술가와 공학자 들이 소속되어 있었다. 이곳에서 현대 미술에 큰 영향을 주었던 '앤디 워홀(Andy Warhol), 백남준, 머스 커닝햄(Merce Cunningham)' 등이 활동했다. 이들은 기술과 인간의 협업이라는 가치를 중심으로 예술적인 표현의 범주를 확장하는 데 노력했다(한국예술인복지재단, 2018).

이러한 과학 기술의 발전은 디지털 아트 역사에서 매우 중요한 역할을 해 왔으며 단순히 예술의 도구를 변화시킨 것을 넘어 표현 방식 전반에 혁신을 가져왔다. 20세기 중반에 컴퓨터 기술의 등장으로 디지털 아트의 개념적 기초가 본격적으로 형성되었으며, 이후의 기술적 혁신에 따라 예술가들은 과거에는 상상조차 어려웠던 도구와 플랫폼을 접할 수 있게 되었다. 1980년대와 1990년대에는 그래픽 소프트웨어의 발달과 3D 모델링 기술의 대중화가 본격적으로 이루어지면서 디지털 아트는 상업적인 가치를 얻어 점차 다양한 대중 매체로 스며들었다. 이러한 흐름에 힘입어 다양한 콘텐츠 산업 분야에서 과학 기술과 예술이 활발하게 융합하기 시작했다. 21

세기로 진입한 이후, 특히 인공지능, 가상 현실(VR), 증강 현실(AR)과 같은 첨단 기술들이 급속도로 발전하면서 디지털 아트는 이전에 비해 몰입감이 크게 향상했고, 참여형 상호 작용(interaction)을 기반으로 하는 작품들이 증가하고 있다. 또한 가상 또는 증강 현실 기술이 더 정교해지면서 관람자의 경험 자체를 새로운 차원으로 끌어올릴 수 있는 환경을 구축하고 있으며, 이는 예술이 단순히 감상만의 영역에 머물지 않고 '참여'와 '체험'의 영역에서도 중요한 비중을 차지하도록 만들고 있다. 이러한 점은 단순히 소재로서 예술을 사용하는 것이 아니라, 디지털 미디어 기술이 예술의 형식에 영향을 주며 디지털 아트라는 새로운 예술의 융합적인 관점으로 발전했다고 볼 수 있다(김성원, 2023).

디지털 아트는 과학 기술과 예술의 융합 가능성을 실제로 구현하고 있는 대표적인 사례로 분류되며, 오늘날 우리가 살고 있는 사회의 문화적 변화와 과학 기술 간의 깊은 상호 작용을 여실히 드러내고 있다. 이를 통해 우리는 기술과 예술의 결합이 단순히 별개의 학문이나 산업적 발전으로 머무르지 않고 한층 종합적이고 포괄적인 인간 경험의 확장에 기여하고 있음을 깨닫게 된다. 디지털 아트는 단순한 운용 도구에서 벗어나, 보다 미래 지향적인 새로운 예술 생태계로 발전하고 있으며, 이는 앞으로도 끊임없이 변화하는 현대 사회에서 중요한 역할을 할 것으로 전망된다.

4차 산업 혁명은 기술의 발전뿐 아니라, 예술 분야에서도 새로운 혁신을 이끌고 있다. 4차 산업 혁명의 주요 기술은 가상 현실이라는 새로운 공간을 제공했고, AI는 다양한 분야에서 획기적인 변화를 선도했다. 2022년 11월 30일 등장한 'ChatGPT'를 시작으로 AI는 빠른 속도로 발전하고 있다. 예술 분야는 대체가 어려울 것이라는 일반인들의 생각을 뛰어넘어 다양한 예술 분야에까지 적용되기에 이르렀다. 생성형 AI는 인공 신경망을 토대로 새로운 데이터를 제작하는 기술로서 명령어를 사용해 사용자가 요청하는 것에 대해 새로운 텍스트, 이미지, 오디오, 비디오 등의 다양한 형식의 콘텐츠를 생성한다(소나영, 2023). 이를 통해 만들어진 결과물은 결코 인간들의 것보다 완성도가 낮지 않다.

인공지능 기술은 디지털 콘텐츠의 창작 환경에 많은 영향을 주고 있다. 글쓰기 영역뿐 아니라 시각 예술 분야에서도 두각을 나타내고 있으며, '미드저니(Midjourney), 스테이블 디퓨전(Stable Diffusion), 달리(DALL-E)' 등을 이용해서 높은 완성도의 이미지도 생성할 수 있다. 인간

만이 할 수 있다던 창작 영역의 활동에도 인공지능이 그 가능성을 확장하고 있는 것이다. 이 지점에서 디지털 콘텐츠 예술 창작자들은 미래의 창작 영역에 대한 혼란감과 불안감을 가지고 있다. 2022년 미드저니로 생산되었던 〈스페이스 오페라 극장(Theatre D'opera Spatial)〉이라는 작품은 게임 기획자인 '제이슨 앨런(Jason M. Allen)'이 인공지능을 활용해서 만든 작품이다. 이 작품은 미국 콜로라도 주립 박람회 미술대회에서 다른 작품을 제치고, 디지털 아트 분야의 우승을 거머쥐었다. 이 사건으로 인해 많은 사람들이 '인공지능의 작품을 예술이라고 할 수 있는가'에 대해 큰 논란을 벌였다(Vallance, 2022). 그리고 디지털 아트 창작자들은 AI가 창작한 작품과 인간이 창작한 작품을 구분하지 못하는 것에 대해 불안감을 가지게 되었다.

예술가는 항상 위대한 예술가들의 작품을 보고 영감을 얻어 새로운 예술을 창작한다. 그러나 AI가 창작하는 작품은 영감을 받아 만드는 작품과는 다르다. AI는 다른 예술가들의 작품 데이터를 기반으로 창작하기 때문에 예술가들의 입장에서는 저작권과 관련한 문제에서 불편할 수밖에 없다. 그러나 기술의 발전과 함께 AI의 영역이 빠르게 확장되고 있으며, 이미 디지털 창작 예술 분야에서도 빠르게 자리를 잡고 있다. 기술의 발전은 막을 수 없기 때문에 이제는 디지털 창작 분야에서도 어떻게 AI를 활용할 것인지에 대한 논의가 꾸준히 이루어져야 한다. 과학 기술과 디지털 창작 예술의 미래는 서로 긴밀히 연결되어 있으며, 혁신적인 발전 가능성을 품고 있다. 인공지능, 가상 현실, 증강 현실과 같은 첨단 기술은 예술 창작의 방식을 근본적으로 변화시키고 있기 때문이다(Kim, 2021).

또한 블록체인(Blockchain) 기술은 디지털 예술품의 소유권과 거래를 투명하게 관리할 수 있는 기반을 제공하고, NFT(Non-Fungible Token)는 창작자에게 새로운 수익 모델을 열어 준다. 이러한 기술적 혁신은 단순히 도구적 역할을 넘어 예술의 본질과 표현 방식에도 영향을 미치며, 창작자와 관객 간의 상호 작용을 더욱 깊고 풍부하게 만들고 있다(이용준, 2022). 그리고 앞으로 과학 기술과 예술의 융합은 더욱 가속될 것이며, 이는 인류의 창조적 잠재력을 극대화하고 새로운 문화적 패러다임을 형성하는 데 기여할 것으로 기대된다.

하지만 이러한 기술의 빠른 발전이 단순히 긍정적인 효과만을 가져오는 것은 아니다. 디지털 환경 속에서 디지털 콘텐츠 창작과 공유가 확장됨에 따라 저작권 문제,

창작의 정체성, 예술과 기술의 경계에 관해 새롭게 고민해야 할 지점들도 나타나고 있기 때문이다. 일부 비평가들은 인간의 직접적인 감성이나 의도가 배어 있는 전통 예술의 가치가 디지털 영역에서 간과될 잠재성을 우려하기도 한다. 반면 디지털 시대 특유의 상호 연결성과 창의적 민주화를 긍정적으로 평가하는 시각도 있어, 앞으로의 가능성을 가늠하면서도 비평적인 시각이 필요하다.

책의 구성

이 책은 AI가 디지털 콘텐츠 창작과 예술에 어떤 영향을 미치고 있는지를 탐색할 뿐 아니라, 이러한 시대에 기술과 예술의 융합이 어떤 방향성으로 나아가야 하는지에 대한 논점을 정리하고자 했다. AI의 발전에 따라 기술을 예술 분야, 특히 창작 환경에 어떻게 잘 접목할 수 있을지를 서술했다. 1장 'AI와 디지털 콘텐츠'와 2장 '디지털 콘텐츠 창작의 발전'에서는 디지털 콘텐츠 창작 예술의 이론적 배경과 흐름에 대해 정리했다. 3장 '창작물과 AI', 4장 'AI 기술의 적용과 예술', 5장 '확장되는 디지털 콘텐츠 기술, 6장 'AI와 융합한 디지털 콘텐츠 가치'에서는 4차 산업 혁명으로 인한 AI 발전이 디지털 콘텐츠 영역과 어떻게 융합해서 예술의 형태로 창작되고 있는지, 그리고 어떻게 확장되고 있는지를 기술했다. 마지막으로 7장 'AI 시대의 창작 생존 전략', 8장 '디지털 콘텐츠 환경과 윤리, AI', 9장 'AI 창작 예술과 심리', 10장 '디지털 콘텐츠 창작의 미래와 AI'에서는 AI 기술의 발전과 함께 디지털 콘텐츠 창작 예술의 생존 전략과 윤리적인 문제, 미래의 방향성에 대해 논의했다.

최근 AI 기술은 사회 문화 전반적인 영역에 많은 영향을 주고 있다. AI와 디지털 아트의 미래는 기술적 발전과 함께 더욱 다양하고 창조적인 방향으로 나아갈 것으로 보인다. 이에 따라 앞으로 창조적 활동인 예술 분야에도 다양한 변화가 동반될 예정이기에 기술 변화에 따른 디지털 창작 영역에 대해 확장적인 이해가 수반되어야 한다. 현재 생성형 AI(Generative AI) 모델은 예술가들이 새로운 스타일을 탐구하거나, 반복적인 작업을 자동화하며 창의성을 극대화할 수 있도록 돕는다. 이것은 예술가들의 작업 시간을 단축하고, 보다 독창적이고 실험적인 작품을 제작할 수 있는 환경을 제공할 것이다. 그리고 AI는 고객의 취향이나 요구에 따라 맞춤형 작품을 제작해 더 많은 사람들에게 접근할 수 있게 함으로써 디지털 아트의 개인화와 대중화를 촉진하고 있다. 이는 예술 시장의 확장과 새로운 비즈니스 모델 개발로 이어질 가능성이 높다.

반면 윤리적 문제와 저작권 보호는 AI와 디지털 콘텐츠 창작의 미래에서 중요한 논점으로 떠오르고 있다. AI가 생성한 작품의 소유권 문제와 원작자의 권리를 보호하기 위한 법적 · 제도적 장치가 필요하기 때문이다. 이러한 논의는 AI 기술이 예술 분야에 긍정적인 영향을 지속적으로 미칠 수 있도록 하는 데 필수적인 요소다. 현재 AI와 디지털 아트의 융합은 새로운 협업 형태를 만들어내고 있다. 예술가와 기술 전문가 간의 협업은 기존에 없던 창작 방식을 가능하게 하며, 디지털 아트의 경계를 확장하는 역할을 한다. 그러나 정리되지 않는 다양한 문제들을 어떻게 바라보고 디지털 콘텐츠 창작 영역에 적용할 것인지는 중요한 문제다. 이러한 관점에서 이 총서가 디지털 콘텐츠 창작과 예술 분야가 나아가야 할 방향성에 대해 고민할 수 있는 기초적 지식 습득의 장이 되기를 기대한다.

참고 문헌

김성원(2023). 미디어 아트 현황과 미래. ≪미디어 이슈 & 트렌드≫, 58, 1-10쪽.

나상세(2018). 『키네틱 아트의 동적(動的)표현 특성에 관한 연구』. 조선대학교 대학원.

소나영(2023). 동시대 예술과 AI의 공존_AI는 예술을 어떻게 변화시킬 것인가?. WEBZINE ACC, 74, https://www.acc.go.kr/webzine/index.do?article=834&lang=ko

이용준(2022). 블록체인 기반 디지털 콘텐츠 관리 플랫폼 기술 동향. ≪문화정보이슈리포트≫, 35, 1-23쪽. KCISA 한국문화정보원.

한국예술인복지재단(2018.8). 하나에서 둘로, 둘에서 유기적 하나로. 예술인, 26, http://news.kawf.kr/?searchVol=26&subPage=02&searchCate=11&idx=427

B. Marr(2021.12.10). The top 10 technology trends of the 4th industrial revolution. *Forbes*. https://www.forbes.com/sites/bernardmarr/2020/05/04/here-are-the-top-10-technology-trends-of-the-4th-industrial-revolution/

Chris Vallance(2022). “Art is dead Dude” – the rise of the AI artists stirs debate. BBC news. https://www.bbc.com/news/technology-62788725

Kim, Boyie(2021). Arts administration in the fourth industrial revolution era: Using technology in the arts administration field. Florida State University.

01
AI와 디지털 콘텐츠

최근 AI 기술이 빠르게 발전하면서 디지털 콘텐츠의 발전이 빠르게 전환되고 있다. 이와 관련해 AI가 어떻게 디지털 콘텐츠 산업에 변화를 주고 있는지 다룬다.

21세기 디지털 시대

18세기 후반 산업 생산력이 급격히 증대하면서 영국에서 시작되었던 사회 · 경제 구조의 획기적인 변화를 산업 혁명이라고 정의한다. 영국의 역사학자인 토인비(A. J. Toynbee)는 산업 혁명에 대해 『18세기 영국 산업 혁명 강의』를 통해 언급했다. 21세기 4차 산업이 전개되면서 '인공지능, 빅 데이터, 로봇'이라는 세 가지 키워드가 주목받았다. 2016년, 세계경제포럼의 회장인 '클라우스 슈바프(Klaus Schwab)'는 다보스포럼의 기조연설에서 "3차 산업을 기반으로 융합 기술의 혁명"을 주장하며 '4차 산업 혁명'을 지칭했다. 이러한 4차 산업 혁명은 현실과 가상의 세계를 연결하며, 모든 것이 상호 연결되고 지능화되며 진보하고 있다(김봉섭 외, 2017).

4차 산업 혁명 이후, 인공지능의 발전은 인간들에게 기대감과 막연한 두려움을 갖게 했다. 이러한 논란이 화제의 중심에 떠오른 이유는 인공지능이 대체할 인간의 일자리에 대한 염려 때문이었다. 이러한 양극단의 반응은 여러 차례의 산업 혁명이 진행되면서 인간이 반복적으로 겪어 왔기에 자연스러운 현상으로 받아들여진다. 새로운 기술의 등장은 인간의 신체적이고 인지적인 노동력의 제약을 극복하게 해 준다.

18세기 말에서 19세기 중반에 등장한 1, 2차 산업 혁명 시기에는 '기계의 대중화'로 인해 사회 · 경제 산업 전반에서 인간의 신체적 노동에 기반한 직업이 대부분 사라졌으며, 이후에 인간의 노동은 신체적인 노동에서 인지적 노동으로 변화했다. 이 노동 계급을 '화이트칼라'라고 부른다. 20세기 후반 시작되었던 인터넷과 PC의 대중화는 정보 처리의 자동화를 중심으로 변화했으며, 4차 산업 혁명으로 이어졌다. 이제 4차 산업 혁명은 인간의 인지적인 노동까지 대신해 주는 인공지능의 등장으로 훨씬 높은 생산력을 가지고 올 것으로 전망된다. 그러나 인공지능이 인지적 노동의 자동화를 가져오게 되면서 인간들의 대부분은 직업을 잃을 가능성이 높아졌고, 그로 인해 사회의 역량과 새로운 교육의 혁신이 필요한 때이기도 하다. 이에 2017년 '세계경제포럼'에서 새로운 노동 계급인 '뉴 칼라(New Collar)'의 등장이 예측되었다(윤경배 외, 2021).

새로운 기술의 등장

새로운 기술이 등장하고 대중화하는 과정은 사람들의 삶의 형태와 사고방식을 크게 변화시킨다. 변화된 사고방식은 이를 공유하는 공동체의 문화를 형성하며, 이는 또 다른 새로운 기술을 요구하는 순환 구조를 만들어 낸다. 과거에는 이러한 순환 주기가 길었기 때문에 여러 세대가 동일한 기술과 생활 방식을 공유할 수 있었다. 하지만 최근 순환 주기가 급속히 짧아지면서, 기술 변화 속도를 따라잡는 사람과 그렇지 못한 사람이 공존하게 되었고, 이로 인해 사고방식과 문화에서 차이가 발생하고 있다. 오늘날 인류는 서로 다른 사고방식과 생활 양식을 가진 사람들이 같은 시간과 공간에서 살아가는 최초의 세대이며, 변화의 속도와 다양성은 계속 가속하고 있다.

4차 산업 혁명의 기술적인 특징은 다섯 가지로 나누어 정리할 수 있다(김봉섭 외, 2017; 장필성, 2017).

첫째, '21세기의 원유라고 불릴 수 있는 빅 데이터'다. 인간의 정보 처리 방식은 과거와 완전히 달라졌다. 정보 접근, 저장, 기록, 평가 모두가 급격히 변화하면서 개인이 다루는 정보의 양과 속도, 다양성은 이전과 비교할 수 없을 만큼 커졌다. 사물 인터넷이 보편화하면서 데이터를 생성하는 센서의 증가로 데이터의 양은 2년마다 두 배씩 늘어날 전망이다.

둘째, '자동화의 촉진'이다. 인공지능 기술은 인지 활동과 지능적 행위를 자동화하는 데 있어 큰 진전을 이루었다. 시각적 사물 인식, 전략적 사고, 자율 주행 등에서

AI는 인간을 능가하는 성과를 내고 있다. 그러나 AI는 인간과의 경쟁 상대가 아닌 협력 도구로 인식되어야 하며, 인간과 인공지능 간의 역할 조정과 협력 시스템에 대한 연구 및 합의가 중요하다.

셋째, '초연결과 융합'의 특징이다. 무선 인터넷, 스마트폰, 사물 인터넷 등의 데이터 인프라는 서로 다른 시스템과 소프트웨어를 연결하고 융합하며 새로운 가치를 창출한다. 이러한 연결과 융합은 기존에 없던 것을 창조해 내고 있으며, 이는 산업, 학문, 인간과 기계, 현실과 가상의 경계를 허물고 빠르게 진행 중이다.

넷째, '개인 콘텐츠의 가치'가 증대한다. 과거에는 매체별로 콘텐츠의 생산자와 소비자가 명확히 나뉘어 있었으나, 오늘날 모든 개인이 콘텐츠의 주체로 활동하며 각자의 경험이 새로운 가치를 창출하고 있다. 이러한 변화는 저작권과 소유권 등 윤리적 이슈를 불러일으켰다.

다섯째, '개방과 공유, 그리고 협업'의 중요성이다. 기존 물질적 재화의 독점 소유와 달리, 데이터와 정보 기반 미래 사회에서 개방과 공유는 보다 능동적으로 요구를 반영한다. 정보를 공유하고 융합하는 과정에서 더 큰 부가 가치를 창출하며, 협업과 공유 문화를 확산시키고 있다.

이렇게 새로운 기술을 기반으로 4차 산업 혁명의 핵심 기술을 이용해 다양한 콘텐츠가 제작되고, 산업적으로 육성되고 있다.

AI와 디지털 콘텐츠 변화

4차 산업 혁명과 기술 변화는 새로운 계급, 역할, 그리고 사회 구조를 불러오고 있다. '뉴 칼라(New Collar)' 계급의 등장과 인간과 기계의 공존이라는 새로운 현실은 현대 사회에 큰 변화를 예고한다. '뉴 칼라'란, 학력과 상관없이 4차 산업 혁명에서 요구되는 핵심 역량을 보유하고 기술 변화에 빠르게 적응하며, 인공지능을 이해하고 활용할 수 있는 사람들을 지칭한다. 산업 혁명의 흐름 속에서 육체적 노동 중심의 블루칼라와 인지적 노동 중심의 화이트칼라가 있었다면, 뉴 칼라는 인간과 기계가 협업하며 공존하는 새로운 공동체의 출현을 상징한다. 이러한 공동체는 지능형 기계가 기존의 인간 중심 사회에 포함되면서 더욱 복잡한 관계망과 구조로 진화할 것이다. 전통적으로 인간만으로 이루어진 공동체는 상호작용과 관계, 공감과 배려를 기반으로 했다. 그러나 이제는 로봇, 지능형 소프트웨어, 데이터 역시 독립적인 구성원으로 참여하는 새로운 형태의 공동체가 형성되고 있다. 이 새로운 환경에서는 보다 개방적이고 협력적인 사회 구조가 요구되며, 나아가 새롭게 생성될 윤리와 도덕, 그리고 '새로운 시민성'에 대한 고민이 필요하다(손보승, 2021).

기술 진화는 현실 세계와 가상 세계 간의 경계를 흐리며 새로운 연결성을 만들어 내고 있다. 가상 현실, 증강 현실, 사용자 경험(UX) 기술의 발전은 물리적 공간과 디지털 공간을 융합하면서 우리의 삶과 산업 환경을 획기적으로 변화시키고 있다. 빅 데이터, 인공지능, 사물 인터넷을 기반으로 한 이러한 연결성은 자율 주행 차, 드론, 로봇 등 다양한 형태로 구체화하고 있으며, 이는 현실과 가상이 상호 작용하며 영향을 미치는 시대를 열어 나가고 있다.

AI 기술의 발전은 콘텐츠 산업의 구조와 운영 방식을 근본적으로 변화시킨다. AI는 콘텐츠 제작 과정에서의 효율성을 높이고, 개인화된 경험을 제공하는 데 중요한 역할을 하고 있기 때문이다. 예를 들어 생성형 AI 도구인 'ChatGPT, Sudowrite, Jasper'는 작가들이 콘텐츠를 더 빠르고 효율적으로 생성할 수 있도록 돕는다. 이러한 도구들은 창작 과정에서의 반복 작업을 줄이고, 사용자 맞춤형 콘텐츠를 제공하는 데 기여하고 있다(송현호,

2023).

디지털 콘텐츠의 소비 방식도 변화하고 있는데, AI는 사용자 데이터를 분석해 개인의 취향에 맞는 콘텐츠를 추천하는 시스템을 발전시키고 있다. 이는 사용자 경험을 향상시키고, 콘텐츠 소비의 효율성을 높이는 데 기여한다. AI와 디지털 콘텐츠의 융합은 새로운 비즈니스 모델을 창출하고 있다. 메타버스(Metaverse)와 같은 새로운 플랫폼은 AI 기술을 활용해 사용자 참여를 극대화하고, 새로운 형태의 콘텐츠 소비를 가능하게 한다. 이러한 변화는 콘텐츠 산업의 미래를 더욱 다양하고 혁신적으로 만들고 있다.

참고 문헌

김봉섭 외(2017). 『4차 산업 혁명 시대, 지능 정보 사회의 디지털 시민성(Digital Citizenship)에 대한 탐색』. 한국교육학술정보원. 1-17쪽.

손보승(2021.2.23). 4차 산업 혁명 시대 속 새롭게 부상하는 직업 계층. 이슈메이커, https://www.issuemaker.kr/news/articleView.html?idxno=33013

송현호(2023). AI · 디지털 기술 변화가 가져올 미디어 · 콘텐츠 산업 변화. ≪미디어 이슈 & 트렌드≫, 59.

윤경배 외(2021). 『4차 산업 혁명의 이해』, 일진사.

장필성(2017). 4차 산업 혁명의 기술적 특징과 농업 적용 기술.

≪세계농업≫, 200, 1-16쪽. 한국농촌경제연구원.

02
디지털 콘텐츠 창작의 발전

과거부터 디지털 콘텐츠 창작 분야는 다양한 기술의 발전을 바탕으로 창작에 적용되었다. 이 점에 대한 발전 과정을 살펴본다.

AI와 MBTI?

예술과 기술

예술과 기술은 항상 밀접하게 얽혀 온 관계를 가지고 있다. 오래전부터 예술가들은 자신의 상상력을 자극할 복잡하고 독창적인 표현 수단과 기술적 도구에 의지해 왔다. 그러나 기술은 단순한 중립적 도구로 한정되지 않는다. 예술가는 기술을 자신의 것으로 만들기 위해 노력하며, 그 과정에서 기술에 내재하는 한계를 극복해야 한다. 기술은 예술가에게 지속적으로 도전 과제를 제시하며, 예술가는 그것을 내면화해 자신의 창작 도구로 승화해야만 한다. 이 과정에서 진정한 예술적 승리가 이루어질 때, 도구와 기술은 표면적 흔적을 감추고, 그 결과물만이 빛을 발하게 된다. 이러한 맥락에서 예술과 기술의 상관관계는 새로운 시대에 처음 등장한 문제가 아니며, 이는 오랜 역사를 통해 지속되어 온 본질적 관계라고 할 수 있다. 그러나 오늘날 우리가 목도하는 변화는 기술의 급격한 발전과 확산으로 인해 더욱 깊이 우리의 삶으로 침투하며 삶과 예술 모두에 영향을 미친다(Meredieu, 2003).

현대 기술 발전의 특징 중 하나는 기계의 소형화와 경량화다. 19세기를 지배했던 거대한 물리적 기계들은 20세기에 들어와 콤팩트한 형태로 변모했다. 이렇게 기술이 자동화하고 고도화하면서 변화의 속도를 가속했고,

우리 주변을 둘러싼 영상과 이미지는 점점 더 자동화하고 대량 생산 체계 속에서 관리되었다. 예술과 기술의 관계를 논하는 문제는 결코 현대에 이르러 새롭게 등장한 이슈로 보기 어렵다. 오히려 우리는 신기술이 급속히 확산되면서 새로이 발명된 도구들이 인간과 세계 속에서 점점 더 중요한 위치를 차지하고 있으며, 심지어 생명체에까지 파고들고 있는 현재의 현실을 마주하고 있다.

마르셀 뒤샹이 대량 생산의 복제품인 변기 위에 서명을 첨부한 〈샘(Fountain)〉이란 작품처럼, 예술가만이 예술의 경계 또는 정의에 대한 궁극적인 해석을 내릴 특권을 가진 존재라는 것을 우리는 간과할 수 없다. 이것은 1960년대 포스텔(Wolf Vostell)과 백남준이 '비디오 아트'를 창안한 사례에서 더욱 분명히 드러난다. 그들은 텔레비전을 도구적 성격에서 벗어나게 해, 텔레비전 본래의 기능 너머에 존재하는 가능성에 주목했다. 그러나 오늘날 예술에서 다양하게 활용되는 컴퓨터는 텔레비전보다 훨씬 복잡하고 다루기 어려운 양상을 띤다. 컴퓨터는 매우 효율적인 기기로 인정받지만, 동시에 본래의 기능적 틀에서 이탈시키기가 어렵다. 더욱이 컴퓨터를 활용한 창작 과정은 디지털 영상 기술과 같은 높은 학문적 수준을 필수적으로 요구하기 때문에 다른 미디어 및 분야와의 조화로운 협업이 중요하다(노소영, 2014).

그동안 우리가 견지해 온 전통적인 세계관을 뒤흔들 거대한 혁명의 조짐이 서서히 모습을 드러내고 있다. 그것은 바로 가상 세계라는 새로운 차원의 도래다. 이 세계는 다양한 이미지의 결합으로 구축된 공간으로, 관객들이 능동적으로 참여할 수 있는 쌍방향 구조를 지니고 있다. 더 나아가 인간의 기존 감각 체계를 초월하거나 대체할 수 있는 인공적인 감각 세상을 창조하기에 이른다. 이러한 가상 세계는 이제까지의 감각 체계와 공존하거나, 완전히 새로운 방식으로 자리 잡을 가능성을 품고 있다.

특히 통신 기술의 비약적인 발전은 세계 경제와 정치의 주요 의제로 떠오르는 동시에, 사회적 예술, 인터넷 아트, 가상 박물관, 통신 네트워크 등 새로운 문화적 형식을 뒷받침하는 매개체로 작용하고 있다. 이처럼 이미지는 과거와 비교할 수 없을 정도로 그 위상이 높아졌으며, 우리가 세계와 마주하며 느껴 왔던 기존의 현실감 또한 크게 변화하는 양상을 보인다.

새로운 시대의 예술

1990년대 말, 매체를 통해 시대를 통찰한 백남준의 예언적 비전은 종교적 상징, 동서양 사상의 경계를 넘나들며 형성된 변화무쌍하고 광대한 정신세계를 중심으로 이루어졌다. 그러나 그의 작품이 가진 복합성과 독창성은 한국 미술계 관계자들은 물론, 서양 학자들조차 온전히 설명하지 못했다. 겉보기에 무질서하게 구성된 듯 보이는 비디오 조각, 겹겹이 중첩된 난해한 이미지들, 그리고 인공위성을 활용해 시공을 초월한 대륙 간 예술 퍼포먼스까지, 백남준의 작업은 인쇄 기반의 문명을 넘어선 디지털 시대의 예술적 정수를 선구적으로 제시했다. 특히 국립현대미술관 중앙 홀에 설치된 거대한 비디오 탑 〈다다익선〉은 그의 작업의 정수를 보여 주는 상징적 작품이다. 이 작품은 근현대 철학의 기초인 칸트의 인식론에 도전하는데, 1003개의 모니터에서 분출하는 강렬한 이미지들이 하늘과 땅을 연결하며 전자 매체를 통해 새로운 시대를 열어 가는 생명의 태동을 시각화한다(Schnell, 2000).

로이 애스콧(Roy Ascott)은 뉴 미디어 예술 분야의 지적 네트워크 중심에 자리 잡았다. 그는 샤르 데이비스(Char Davies), 크리스타 소메레(Christa Sommerer), 로랑 미뇨노(Laurent Mignonneau), 에두아르도 카츠(Eduardo Kac)와 더불어 뉴 미디어 예술의 발전을 주도했다. 애스콧은 1960년대부터 상호 작용성에 주목한 작업을 선보였으며, 이후 네트워크와 가상 현실 등 다양한 형태의 '현실'에 대한 독창적 미학을 구축했다. 그의 디지털 아트는 과학 기술과 예술이 맞닿는 첨예한 접점에서 인간 지각과 감각의 확장, 즉 의식과 관련된 문제에서 시작해 생명체와 우주의 근원을 탐구하는 데 이르기까지 폭넓은 주제를 다룬다. 동시에 그의 작업은 높은 수준의 학문적 기준을 요구하며 과학적 지식과 예술성을 균형 있게 결합하고자 했다(Rush, 1999).

뉴 미디어 아트는 전통적인 예술 형식과는 다른 새로운 매체를 활용해 창작된 예술 작품을 의미한다. 이 용어는 20세기 중반부터 시작된 기술 발전과 함께 등장했으며, 디지털 기술, 비디오, 인터넷, 가상 현실 등 다양한 매체를 포함한다. 뉴 미디어 아트는 예술가와 관객 간의 상호 작용을 강조하는 특징이 있다. 이는 관객이 작품에 참여하거나 영향을 미칠 수 있는 방식으로 설계된 작품들이 많기 때문이다(송은주, 정회경, 2011).

뉴 미디어 아트의 주요 특징 중 하나는 디지털 기술의 활용이다. 예를 들어 컴퓨터 그래픽, 애니메이션, 인터랙티브(interactive) 설치 미술 등이 이에 해당한다. 이러한 기술들은 예술가가 새로운 형식과 표현 방식을 탐구할 수 있도록 도와준다. 또한 뉴 미디어 아트는 종종 사회적 · 정치적 메시지를 전달하는 수단으로 사용되며, 예술가들은 기술을 통해 관객과의 소통을 강화하고 있다. 또한 뉴 미디어 아트는 기존의 예술 장르와의 경계를 허물며, 다양한 매체와 형식을 융합하는 경향이 있다. 이는 예술가들이 전통적인 회화나 조각에서 벗어나 새로운 창작 방식을 모색하게 만든다. 이러한 변화는 예술의 정의와 경험을 확장하며, 현대 사회에서 예술의 역할을 재조명하는 데 기여하고 있다(송은주, 정회경, 2011).

디지털 콘텐츠의 창작과 발전

디지털 콘텐츠의 창작과 발전은 최근 급격한 변화를 겪고 있다. 디지털 기술의 발전은 콘텐츠 제작 방식에 큰 영향을 미치고 있으며, 이는 다양한 분야에서의 창작 활동을 촉진하고 있다. AI 기술의 발전은 콘텐츠의 자동 생성 및 융합을 가능하게 해 사용자 경험을 개인화하고 콘텐츠의 다양성을 높인다. 이러한 AI 기술을 기반으로 디지털 콘텐츠는 '방송, 영화, 게임, 음악' 등 다양한 매체에서 활용되고 있으며, 창작 과정은 점점 더 복잡해지고 있다. 이는 창작자들에게 새로운 기회를 제공하는 동시에, 저작권과 같은 법적 쟁점도 동반하고 있다.

또한, NFT의 등장으로 디지털 아트와 음악 등에서 새로운 창작 모델이 생겨나고 있다. NFT는 디지털 자산의 소유권을 명확히 해 창작자들이 자신의 작품을 보호하고 수익을 창출할 수 있는 기회를 제공한다. 이러한 변화는 콘텐츠 산업의 구조를 개편하고 있으며, 창작자와 소비자 간의 관계를 더욱 밀접하게 만들어 가고 있다.

초기 형태의 디지털 콘텐츠는 주로 텍스트 기반의 자료와 간단한 그래픽으로 구성되어 있었으며, 이는 컴퓨터의 발전과 함께 점차 다양화했다. 1980년대와 1990년대 초반에는 개인용 컴퓨터의 보급으로 인해 많은 사람들이 텍스트 문서와 간단한 이미지 편집을 통해 콘텐츠를 제작하기 시작했다. 이러한 초기 콘텐츠는 주로 개인적인 용도로 사용되었지만, 점차 인터넷의 발전과 함께 대중에게 공유되는 형태로 발전했다. 디지털 콘텐츠의 발전은 특히 웹의 출현과 함께 가속했다. 1990년대 중반부터는 HTML과 같은 웹 기술이 발전하면서, 사용자들은 웹사이트를 통해 다양한 형태의 콘텐츠를 제작하고 공유할 수 있게 되었다. 이 시기에 등장한 블로그와 포럼은 사용자 생성 콘텐츠의 초기 형태로, 개인의 의견과 정보를 쉽게 공유할 수 있는 플랫폼을 제공했다(Meredieu, 2003; 최영근 외, 2023).

디지털 콘텐츠의 창작 과정은 이제 단순한 제작을 넘

어, 사용자 경험을 고려한 인터랙티브 요소를 포함하게 되었다. 가상 현실, 증강 현실, 확장 현실(XR)과 같은 기술이 접목되면서, 콘텐츠는 더욱 몰입감 있는 경험을 제공하고 있다. 이러한 변화는 콘텐츠 창작자들에게 새로운 기회를 제공하며, 동시에 기술적 역량을 요구한다.

최근에는 인공지능과 머신 러닝(Machine Learning) 기술이 콘텐츠 창작에 도입되면서, 자동화된 콘텐츠 생성이 가능해졌다. 예를 들어 AI를 활용한 글쓰기 도구나 이미지 생성 프로그램이 등장해 창작 과정의 효율성을 높이고 있다. 이러한 기술들은 콘텐츠의 품질을 향상시키고, 창작자들이 더 창의적인 작업에 집중할 수 있도록 돕고 있다. 디지털 콘텐츠 창작의 역사는 기술 발전과 함께 지속적으로 변화하고 있으며, 앞으로도 AI와 다양한 디지털 기술의 융합을 통해 더욱 혁신적인 방향으로 나아갈 것이다. 콘텐츠 창작자들은 이러한 변화에 발맞추어 새로운 기술을 습득하고, 창의적인 접근 방식을 개발해야 할 필요성이 커지고 있다.

참고 문헌

강형구 외(2023). 온라인 플랫폼이 디지털 콘텐츠 시장에 미치는 영향과 과제. ≪경영전략학술지≫, 26(2), 81-111쪽.

노소영(2014). 디지털 아트_우리 시대의 예술. ≪자음과모음≫.
송은주, 정회경(2011). 예술의 미적 개념 변화와 뉴 미디어 아트 특성. ≪한국디자인포럼≫, 53, 417-426쪽.
De Meredieu, F.(2003). Arts et nouvelles technologies. 정재곤 옮김(2005). 『예술과 뉴 테크놀로지』. 열화당.
Rush, M.(1999). *New media art in late 20th-century art*. London: Thames & Hudson London.
Strehovec, J.(2008). New media art as research: Art-making beyond autonomy of art and aesthetics. *Technoetic arts*, 6(3), pp.233-250.

03

창작물과 AI

AI를 활용해 다양한 '디지털 아트'가 창작되고 있으며, 새로운 분야를 개척해 가고 있다. AI 기술을 활용한 다양한 분야에 대해 살펴보고 관련 현상에 대해 분석한다.

AI와 난임 극복?

AI와 디지털 콘텐츠

인공지능은 그 발전 과정과 응용 영역에 따라 크게 분석형 AI와 생성형 AI로 나눌 수 있다. 분석형 AI는 주어진 데이터를 기반으로 정보를 추출하거나 분석함으로써 통찰력을 제공하는 기술로 정의된다. 이 AI는 입력 데이터를 탐색하고, 내재하는 패턴을 발견하며, 주로 '예측, 분류, 군집화, 이상 탐지' 등의 작업에서 활용된다. 이러한 특성으로 인해 분석형 AI는 '비즈니스 인텔리전스(Business Intelligence), 예측 분석, 의료 진단, 금융 위험 관리' 등 다양한 산업 분야에서 실질적인 가치를 창출하고자 한다. 반면 생성형 AI는 방대한 데이터 학습을 통해 새로운 콘텐츠나 정보를 생산하는 데 중점을 두는 기술이다. 생성형 AI는 학습 과정에서 텍스트 내 단어와 문장의 관계를 해석하고, 이를 바탕으로 창작, 번역, 요약 및 기타 창의적인 콘텐츠를 생성하는 모델을 형성한다. 사용자는 이러한 모델에 텍스트를 입력해 다양한 결과물을 생성할 수 있다. 생성형 AI의 활용 범위는 매우 광범위해 텍스트뿐만 아니라 이미지, 음성, 프로그래밍 코드까지 아우르며, 대표적으로 OpenAI의 'GPT-3'와 'GPT-4', 구글의 'Bard' 등이 이러한 기술의 첨단에 서 있다(김지현, 2024).

생성형 AI의 부상은 콘텐츠 산업에 상당한 패러다임 변화를 가져왔다. 과거에는 사람이 직접 제작해야 했던 콘텐츠를 생성형 AI로 자동화함으로써 생산성이 지극히 향상했다. 이는 제작비 절감뿐만 아니라 이전에는 상상하기 어려웠던 창의적 콘텐츠의 대량 생산을 가능하게 함으로써 산업 전반의 지형 변화를 초래할 것이다. 현재 생성형 AI는 이미 다양한 산업에서 채택 및 검토되고 있으며, 기술 발전 속도와 성능 개선이라는 두 가지 요인이 결합해 더 많은 분야에 스며들고 있다. 특히 창의적인 콘텐츠 생산 및 소비가 활성화하면서 이와 연관된 새로운 비즈니스 기회까지 창출할 것이다(이호수, 2023).

생성형 AI와 창작

생성형 AI의 상용화가 가파른 속도로 진행되고 있으며, 다양한 분야에서 비즈니스 혁신을 이루며 주목받고 있다. 생성형 AI 알고리즘은 기존 데이터(영상, 이미지, 음향, 또는 컴퓨터 코드)를 기반으로, 현실 세계에서 존재한 적 없는 완전히 새로운 콘텐츠를 창조하는 기술이다(Sanyal, 2022). 특히 생성형 AI는 고객의 요구에 맞춘 맞춤형 콘텐츠를 제공하는 데 효과적으로 사용되고 있다. AI가 창작 영역에서 활용하는 부분은 크게 이미지,

음악, 도서 및 출판 분야 등으로 나누어 볼 수 있다(이호수, 2023).

첫째, 이미지 분야의 AI 활용은 다음과 같다. 그 예로 OpenAI가 개발한 '달리 3'는 사용자가 입력한 텍스트와 정확히 일치하는 이미지를 생성하는 모델로, ChatGPT와 유기적으로 결합한 형태다. 사용자는 별도로 이미지 작성을 위한 프롬프트를 입력할 필요 없이 대화 과정에서 원하는 이미지의 세부 사항을 계속 수정할 수 있다. 이러한 기능은 스토리 구성 시 이미지 제작 과정을 훨씬 간소화하며 창의적인 작업을 지원한다. 또한 구글의 '딥 드림(Deep Dream)'은 주어진 이미지에서 특정 패턴을 인식하고 이를 새롭게 변환해 이미지를 만들어 내는 생성형 AI 기술이다. 예술가들은 이를 통해 독창적인 작품을 제작하고, 혁신적인 제품 디자인을 개발하는 등 창의적인 비주얼을 제작하는 데 활용하고 있다(박하나, 2023).

둘째, 음악 분야에서는 구글의 '마젠타(Magenta)'가 주목받고 있다. 이 플랫폼은 음악 작곡과 편곡을 지원하는 다양한 도구를 제공하며 폭넓은 분야에서 응용되고 있다. 이를 통해 예술가들은 새로운 음악을 창작하고, 음악적 요소를 시각적 프로젝트와 결합하기도 한다. 또한 같은 구글 관련 모델인 '앰퍼 뮤직(Amper Music)'은 텍스트 입력만으로 음악을 작곡할 수 있는 기능을 제공하며 영화, TV, 게임 등 다채로운 분야에서 배경 음악 제작 등의 작업을 지원한다(이빙옥, 최종원, 2024).

셋째, 텍스트 생성 분야에서는 OpenAI가 개발한 'GPT-3'와 'ChatGPT'가 대표적이다. 이 기술은 도서 출판 산업에서 효율성을 극대화하며 작가들이 더 빠르고 쉽게 작품을 완성할 수 있도록 한다. 또한 '북라이트(BookWright)'는 AI 기반 출판 도구로 책, 잡지, 사진집 등 인쇄물을 손쉽게 디자인하고 제작할 수 있도록 한다(이승환, 2023).

참고 문헌

김지현(2024.3.15). [All Around AI 1편] AI의 시작과 발전 과정, 미래 전망. SK hynix NEWSROOM, https://news.skhynix.co.kr/post/all-around-ai-1

박하나(2023). 이미지 생성 인공지능(AI) 달리(DALL · E)의 활용 사례 연구. ≪조형미디어학≫, 26(1), 102-110쪽

이빙옥, 최종원(2024). 글로벌 AIGC를 활용한 작곡 기술 발전 현황과 창작 플랫폼에 관한 사례 연구. ≪디지털콘텐츠학회논문지≫, 24(7), 1677-1688쪽.

이승환(2023). 생성형 AI가 출판 환경에 미치는 영향에 관한 연구. ≪한국출판학연구≫, 49(2), 83-109쪽.

이호수(2023). 생성형 AI의 등장과 콘텐츠 산업의 변화. ≪KPIPA

리포트≫, 8, 4-5쪽.
S. Sanyal(2022). Top 10 MLOps trends and predictions to lookout for in 2023. *Analytics insight.*

04
AI 기술의 적용과 예술

AI 기술의 발전은 다양한 산업에 적용되며, 우리의 일상생활 안에서 활용되고 있다. 이 점을 토대로 예술 분야에서 기술의 적용이 어떻게 이루어지고 있는지를 살펴본다.

AI와 사주?

AI의 기술 변화

현대 사회에서 인공지능은 단순한 기술적 혁신을 넘어 경제적 · 사회적 패러다임의 근본적인 변화를 주도하며, 다양한 분야와의 융합을 통해 획기적인 혁신을 실현할 것이라는 데에 이의를 제기하는 사람은 많지 않을 것이다. 최근 코로나19 팬데믹을 계기로 고도화한 AI 기술은 디지털 전환(Digital Transformation)의 핵심 동력으로 자리매김했다. 그리고 경제 및 사회 전반에 걸쳐 빠르게 확산함으로써 개인의 일상생활에도 깊이 스며들게 되었다. 이처럼 AI의 영향력이 빠르게 확장되는 가운데, 선진국들을 중심으로 AI 기술을 둘러싼 경쟁이 격화하고 있다. 우리나라도 이러한 글로벌 경쟁에 대응함과 동시에 '인공지능 초일류 강국'으로 도약하기 위해 다각적인 정책적 노력을 기울이고 있다(봉강호, 2023).

AI 기술의 정교함을 통해 딥 러닝(Deep Learning) 알고리즘의 발전과 데이터 처리 능력이 향상하고 있다. 이러한 변화는 AI의 활용 범위를 넓히고 있으며, 기업들은 이를 통해 경쟁력을 강화하고 있다. AI 기술의 발전은 특히 식품 산업과 같은 특정 분야에서도 두드러진다. 이 산업에서는 AI를 활용해 더 스마트하고 지속 가능한 솔루션을 개발하고 있으며, 이는 소비자 요구에 부응하기 위한 노력의 일환이다. 또한 AI는 임상 시험과 같은 의료 분야에서도 중요한 역할을 하고 있으며, 이는 연구와 개발의 효율성을 높이는 데 기여하기도 한다. AI 기술의 변화는 단순히 기술적 발전에 그치지 않고, 노동 시장과 직업 세계에도 큰 영향을 미친다. AI의 도입으로 인해 일부 직업은 사라질 위험이 있지만, 동시에 새로운 직업이 창출되고 있다. 따라서 기업과 개인에게는 이러한 변화에 적응하기 위해 지속적인 학습과 기술 습득이 필요하다(한요셉, 2023).

디지털 아트와 AI

디지털 아트와 인공지능의 결합은 현대 예술의 중요한 트렌드로 자리 잡고 있다. AI는 예술 창작 과정에서 새로운 도구로 활용되며, 예술가와 협력해 독창적인 작품을 만들어 내는 데 기여한다. 최근에는 AI를 활용한 디지털 아트 전시회도 많이 열리고 있으며, 관객들에게 새로운 시각적 경험을 제공한다. 또한 AI 아트 생성기와 같은 도구들이 등장하면서 누구나 쉽게 디지털 아트를 만들 수 있는 환경이 조성되고 있다. 이러한 도구들은 예술 창작의 접근성을 높이고, 다양한 배경을 가진 사람들이 디지털 아트를 시도할 수 있도록 한다.

AI와 디지털 아트의 융합은 예술의 경계를 허물고 있으며, 이는 예술가들에게 새로운 영감을 주고 관객들에게는 혁신적인 경험을 제공한다. 생성형 AI는 이렇게 다양한 창작 분야에서 실질적이고 혁신적인 변화를 만들어 내며 향후 가능성을 더욱 확장하고 있다. 국내에서는 2022년 8월 '카카오브레인'의 인공지능 언어 모델 'KoGPT'를 바탕으로 개발된 인공지능 시인 시아(SIA)의 첫 번째 시집인 『시를 쓰는 이유』가 출간되었다. 인공지능이 작가로 나선 국내 최초의 시집이라는 점에서 주목받은 이 작품은 방대한 데이터를 스스로 학습해 인간처럼 생각하고 판단할 수 있는 차세대 인공지능 기술력을 보여 주는 사례로 평가된다(윤영주, 2022).

2023년에 들어서면서 생성형 AI를 활용한 책들이 본격적으로 등장하고 있다. 이제 소설, 에세이, 만화처럼 인간의 독창성을 기반으로 하던 영역에도 AI의 손길이 닿고 있는 것이다. 2023년 2월, ChatGPT가 집필하고 네이버 파파고가 한국어로 번역한 자기 계발 책 『삶의 목적을 찾는 45가지 방법』이 출간되었다. 이 책은 행복과 만족, 인간관계를 중심으로 한 45개의 주제를 통해 명확한 인생 목적을 제시하며 독자에게 조언한다. 해당 프로젝트는 AI가 제작 단계 전반에 걸쳐 참여한 점이 특징적이었다. 원고 작성부터 교열 · 교정, 인쇄까지 채 7일이 걸리지 않았으며, 표지 삽화 또한 셔터스톡(Shutterstock) AI를 통해 제작되었다. 책의 목차와 제목은 인간 기획자가 이전에 구상한 기획안을 바탕으로 정리되었지만, 문서 작성에서 번역까지 전통적인 출판 과정의 시간 소모를 대폭 줄인 사례였다(구은서, 2023).

생성형 인공지능 기술을 활용한 그림책 제작은 최근 출판 산업에서 주목받는 새로운 흐름으로 자리 잡고 있다. 스토리나라 출판사가 추진한 '오딧스 AI 동화책' 프로젝트는 이러한 변화의 대표적인 사례로, 텍스트 작성에는 ChatGPT를, 삽화 제작에는 미드저니를 활용해 총 9권의 동화책을 성공적으로 출간했다. 이 과정에는 다양한 배경의 일반인 작가들이 참여했고, 제작비는 크라우드 펀딩 플랫폼인 텀블벅을 통해 조달되었다. 특히 해당 작품은 양장본으로 제작된 최초의 AI 기반 그림 동화책이라는 점에서 그 의의를 가지며, 영문판은 아마존 플랫폼을 통해 글로벌 독자들에게 공개될 예정이다. 이러한 AI 활용 출판 사례는 국내를 넘어 해외에서도 급증하고 있다. 대표적으로 암마르 레시(Ammaar Reshi)가 ChatGPT와 미드저니를 이용해 제작한 『앨리스와 스파클(Alice and Sparkle)』은 단 이틀 만에 출간 작업이 완료되었으며, 출시 이후 큰 화제를 불러일으킨 바 있다(손성봉, 2023).

2023년 3월, 일본 출판사 신조사는 미드저니를 활용해 제작한 만화책 『사이버펑크 모모타로(Cyberpunk: Peach John)』를 선보였다. 만화가 루트포트(Rootport)가 집필한 이 작품은 인공지능의 한계를 고려해 손이 등장하는 장면을 최소화했다는 점이 눈길을 끈다. 그는 CNN과의 인터뷰에서 손을 정확하게 묘사하는 것이 AI에게 특히 어렵기 때문이라고 설명했다. 작업은 단 6주 만에 마무리되었으며, 이 작품은 100페이지를 넘는 풀 컬러 만화로 완성되었다. 사람이 직접 그렸다면 1년 이상 걸렸을 수준의 분량이었다고 그는 덧붙였다. 이러한 사례는 생성형 AI가 작가들에게 얼마나 효율적이고 강력한 도구가 될 수 있는지를 잘 보여 준다(류영호, 2023).

참고 문헌

구은서(2023.2.17). 챗GPT가 쓰고 파파고 번역…7일 만에 만든 책 나온다. ≪한국경제≫, https://www.hankyung.com/article/2023021754041

류영호(2023). 생성형 AI의 등장과 콘텐츠 산업의 변화. ≪KPIPA 리포트≫, 8, 10-16쪽.

봉강호(2023). 우리나라 및 주요국 인공지능(AI) 기술 수준의 최근 변화 추이. ≪SW중심사회≫.

손성봉(2023.3.8). 국내 첫 인공지능 활용 양장 동화책 국내와 미국에서 동시 출간된다. ≪매일경제≫, https://www.mk.co.kr/news/culture/10671511

윤영주(2022.8.1). 인공지능(AI)이 쓴 시(時), 사람들 마음 울릴까?. ≪AI타임스≫, https://www.aitimes.com/news/articleView.html?idxno=146094

한요셉(2023). 『인공지능으로 인한 노동 시장의 변화와 정책 방향』. 한국개발연구원.

05
확장되는 디지털 콘텐츠 기술

AI가 활용된 디지털 콘텐츠 기술은 다양하게 확장된다. 우리의 실생활뿐 아니라, 다양한 전문적 환경에서도 쓰이고 있으며, 디지털 미디어 환경에서 빠르게 적용된다. 이러한 메커니즘에 관해 설명한다.

AI와 아이돌?

기술과 디지털 콘텐츠

현대 사회에서 기술과 디지털 콘텐츠는 점점 더 중심적인 역할을 수행하고 있다. 기술의 진보는 디지털 콘텐츠의 생산, 유통, 소비 구조에 혁신적 변화를 초래했으며, 이러한 변화는 다양한 산업군에서 새로운 기회의 장을 열고 있다. 디지털 콘텐츠는 텍스트, 이미지, 오디오, 비디오와 같은 여러 형태로 제공되며, 이를 창작하고 관리하기 위한 기술은 날로 발전하며 정교해지고 있다. 이를테면 인공지능과 머신 러닝 기술은 콘텐츠 추천 시스템, 자동 번역, 음성 인식과 같은 다양한 분야에서 광범위하게 활용되고 있으며, 사용자 경험을 개선하는 동시에 맞춤형 콘텐츠 소비를 가능하게 하고 있다. 이러한 기술적 진화는 디지털 환경의 풍요로움과 효율성을 종합적으로 증진하며 중요한 기여를 하고 있다. 한편 블록체인 기술은 디지털 콘텐츠의 저작권 보호 및 거래 구조에 새로운 가능성을 제시하며, 창작자로 하여금 작품의 소유권을 명확히 하고 공정한 보상을 받을 수 있는 제도적 기반을 마련하고 있다.

디지털 콘텐츠와 기술이 결합하면서 교육, 마케팅, 엔터테인먼트 등 여러 분야에서 새로운 가치를 창출하고 있다. 가상 현실과 증강 현실 기술을 통해 교육 콘텐츠는 몰입형 경험으로 진화해 학습 효과를 극대화할 수 있고, 마케팅에서는 소비자들에게 차별화된 경험을 제공함으로써 브랜드의 가치를 한층 높이는 도구로 사용되고 있다.

변화된 디지털 미디어 환경 변화

AI와 디지털 미디어 환경의 메커니즘은 현대 사회에서 빠르게 부상하는 핵심 주제 중 하나로 자리 잡고 있다. AI 기술은 디지털 미디어의 제작, 배포, 소비 방식 전반에 걸쳐 혁신적인 변화를 이끌고 있으며, 콘텐츠 생성부터 맞춤형 추천 시스템, 사용자 경험 개선까지 다양한 영역에서 활용된다. 이러한 기술은 사용자에게 개인화된 정보를 제공하고, 데이터 기반의 분석을 통해 더욱 정교한 서비스를 구현하는 데 기여한다.

이와 더불어 AI는 디지털 미디어 관련 윤리적 문제를 해결하는 데도 중요한 영향을 미친다. AI 시스템이 생성해 내는 콘텐츠의 신뢰성과 투명성을 확보하려면 명확한 윤리적 기준과 가이드라인이 필요하다. 이러한 원칙은 사용자들이 AI 기반 정보를 신뢰하고 올바르게 활용할 수 있는 환경을 조성하는 데 필수적이다. 궁극적으로 AI와 디지털 미디어 메커니즘은 긴밀하게 연결되어 있으며, 콘텐츠 생산과 소비 양식에 큰 변화를 불러오고 있다(Gupta, 2021).

일반적으로 미디어는 신문과 잡지와 같은 인쇄 매체, 텔레비전과 라디오, 영화 등 시청각 중심의 매스 미디어를 포괄하는 개념으로 정의된다. 그러나 2000년대 이후 정보 통신 기술(ICT)의 급속한 발전과 이를 기반으로 한 대중화의 추세는 미디어의 범위를 본질적으로 재구성했다. 과거 매스 미디어로 간주되던 전통적인 매체의 경계는 점차 확장되어, 디지털화된 데이터를 고속 통신망을 통해 전달할 수 있는 뉴 미디어의 영역까지 포섭하게 되었다. 이는 현대 사회에서 미디어의 역할과 기능이 기술 변화에 따라 끊임없이 재편되고 있음을 보여 준다(김용영, 2007).

특히 2010년대에 접어들면서 인터넷 기반의 스마트 미디어가 본격적으로 확산하기 시작했으며, 최근에는 가상 현실과 증강 현실 같은 실감형 미디어가 등장해 대중으로부터 폭넓은 활용과 관심을 받고 있다. 나아가 현대 사회에서 4차 산업 혁명을 논의할 때 빠질 수 없는 주제로 자리 잡은 인공지능 기술은 향후 지능화를 기반으로 한 융합 미디어 시대를 가속할 핵심 요인으로 주목받고 있다.

현대의 인공지능 기술은 뉴럴 네트워크(Neural Network) 기반의 딥 러닝, 혹은 이미지 인식에 주력하는 컴퓨터 비전 등 세부 분야에 따라 컴퓨팅 언어의 차이를 지니지만, 궁극적으로는 머신 러닝 알고리즘에 기반한 시스템으로 통칭된다. 머신 러닝은 데이터 내 패턴을 식별하고 스스로 학습해 추론하거나 예측할 수 있는 능력을 갖춘 알고리즘을 사용한다. 특히 미디어 환경에서는 AI 기술이 점차 융합하며 기존 미디어 간 경계를 허물고 있으며, 이러한 변화는 사람들이 미디어를 경험하는 방식을 근본적으로 혁신할 것으로 전망되고 있다(K. Dwivedi, et al., 2023).

최근 인공지능 기술은 방대한 데이터를 처리하고 분석할 수 있는 딥 러닝 기법을 중심으로 빠르게 발전하고 있으며, 이를 통해 사용자 맞춤형 정보를 제공하는 플랫폼으로 널리 활용되고 있다. 특히 미술관과 박물관 같은 기관들도 혁신적인 관람 경험을 제공하기 위해 이러한 기술을 적극적으로 도입하는 추세다. 대표적인 사례로 2016년 영국의 테이트갤러리는 마이크로소프트와 협력해 AI 기반 디지털 창작 프로젝트를 공모해 눈길을 끌었다. 그 결과 탄생한 '레커그니션(Rekognition)' 서비스는 영국 예술 컬렉션을 새로운 방식으로 조망할 수 있게 한 기술로, 3만 개 이상의 디지털 스캔 자료를 바탕으로 예술 작품과 사진 저널리즘 작업을 매치하는 독창적인 접근 방식을 선보였다(이지혜, 2022).

또한 가정에서도 개인화된 AI 서비스를 활용하는 사례가 점차 늘어나고 있다. 그중 하나로 음성 인터페이스를 통해 가상의 바텐더와 상호 작용하며 칵테일 제조를 돕는 서비스가 눈길을 끈다. 예를 들어 사용자가 테킬라 선라이즈(Tequila Sunrise) 같은 칵테일의 제조법을 물으면, 해당 프로그램은 필요한 재료와 단계를 안내해 손쉽게 칵테일을 만들 수 있도록 지원한다(이지혜, 2022).

참고 문헌

고선영 외(2021). 메타버스의 개념과 발전 방향. ≪정보처리학회지≫, 28(1), 7-16쪽.

김상균(2022). 『메타버스』. 플랜비디자인. 50-61쪽, 207-214쪽.

김용영(2007). 『인터랙티브 미디어 앤 플레이』. 커뮤니케이션북스.

이지혜(2022). AI 메커니즘 기반 인터랙티브 스토리텔링 사례 연구. ≪디지털콘텐츠학회지≫, 23(3), 443-453쪽.

ETRI 성과홍보실(2018). 『디지털이 꿈꾸는 미래』. 콘텐츠하다.

K. Dwivedi, et al.(2023). Opinion paper: "So what if ChatGPT wrote it?" Multidisciplinary perspectives on opportunities, challenges and implications of generative conversational AI for research, practice and policy. *International journal of information management*, 71, pp.1-63.

N. Gupta(2021.6). How BBC news labs uses AI-powered content automation to engage young audiences. Wan-ifra, https://wan-ifra.org/2021/06/how-bbc-news-labs-uses-ai-powered-content-automation-to-engage-young-audiences/

06
AI와 융합한 디지털 콘텐츠 가치

디지털 콘텐츠 분야에서 AI 기술을 적극 활용하는 분야를 알아보고, 어떻게 융합되어 새로운 가치를 재생산하는지에 대해 정리한다.

AI와 야구?

디지털 콘텐츠와 트랜스미디어

트랜스미디어(Transmedia)의 본질은 현대 사회에서 인간이 다양한 미디어 기기를 활용해 콘텐츠를 소비하고, 디지털 네트워크를 통해 동시다발적이고 다층적인 소통을 하는 삶을 살아간다는 배경에 놓여 있다. 미디어는 인간이 콘텐츠를 소비하는 핵심 도구로 기능하며, 그 매개 방식은 매우 다채롭다. 디지털은 필요와 상황에 따라 특정 콘텐츠를 여러 미디어에서 소비하거나, 한 미디어에서 다양한 유형의 콘텐츠를 접하기도 한다. 이를 설명하는 중요한 키워드가 바로 '디지털 컨버전스(Digital Convergence)'다(이종관 외, 2013).

미국의 미디어학자 헨리 젠킨스(Henry Guy Jenkins III) 교수는 디지털 융합 시대의 미디어 문화를 '참여 문화'로 개념화했다. 참여 문화는 다양한 미디어를 넘나들며 이루어지는 트랜스미디어 내비게이션, 네트워킹, 멀티태스킹, 콘텐츠의 전유와 같은 행위를 통해 사용자 간 상호 작용과 공유가 촉진되는 현상을 내포한다. 이는 단순히 미디어 콘텐츠를 소비하는 데 그치지 않고, 창조적 생산으로까지 확장되는 특징을 가지고 있다. 특히 트랜스미디어 현상은 이질적인 미디어 간의 융합, 대체 및 통합을 포함하며, 이러한 과정을 통해 디지털 융합의 본질을 담아낸다. 이를 통해 사용자들은 다양한 미디어 간의 상호 작용을 통해 유기적으로 연결된 환경에서 혁신적인 방식으로 콘텐츠를 소비할 수 있는 기회를 누리고 있다(임영준, 2019).

이러한 가운데 확장 현실과 인공지능의 융합은 메타버스 공간 중심 활동을 가능하게 하는 새로운 존재를 탄생시켰다. 버추얼(Virtual) 시장은 메타버스 열풍을 등에 업고 버추얼 스트리머, 유튜버, 나아가 버추얼 아이돌까지 점차 범위를 넓혔다. 이들은 메타버스를 기반으로 한 뮤직비디오 제작과 활동을 통해 뛰어난 노래 및 춤 실력을 뽐내며 MZ 세대와 알파 세대 사이에서 큰 트렌드로 자리 잡았다. 이러한 트렌드에서 4인조 버추얼 아이돌 그룹 '메이브(MAVE)'가 안정적인 보컬 실력, 완벽한 군무, 그리고 화려한 비주얼로 실제 아이돌 못지않은 가상 걸 그룹으로 데뷔했다. 메이브의 멤버들은 모두 음성 AI 기술로 완성된 가상 캐릭터로, 실제 인간과는 전혀 연관되지 않은 독립적인 구성원들이다. 반면 가상의 캐릭터 뒤에서 실제 사람이 연기하는 버추얼 아이돌 그룹 '이세계아이돌'은 캐릭터를 연기할 사람들을 오디션으로 선발한 후 활동을 시작했다(장민지, 2024).

이렇게 트랜스미디어는 콘텐츠의 확장성을 극대화하

며, 소비자에게 다양한 경로로 이야기를 경험할 수 있는 기회를 제공한다. 예를 들어 TV 시리즈, 영화, 웹툰, 게임 등이 서로 연결되어 하나의 세계관을 형성할 수 있다. 이러한 접근은 브랜드 마케팅에서도 효과적으로 활용되며, 소비자 참여를 유도하고 충성도를 높이는 데 기여하기도 한다. 이러한 상호 작용은 콘텐츠의 생명력을 연장하고, 새로운 형태의 커뮤니티를 형성하는 데 중요한 역할을 하고 있다.

AI와 이미지

생성 AI는 텍스트, 이미지, 음악 등 다양한 형태의 콘텐츠를 자동으로 제작하는 인공지능 기술로, 특히 이미지 생성 분야에서 큰 주목을 받고 있다. 이 기술은 딥 러닝 알고리즘을 기반으로 작동하며, 사용자가 입력한 텍스트 설명을 토대로 독창적이고 개성 있는 이미지를 만들어 낸다. 최근 들어 이런 이미지 생성 도구들은 다양한 플랫폼에서 손쉽게 접근할 수 있게 되었다. 이러한 기술은 마케팅, 디자인, 예술 등 여러 분야에서 창의성과 생산성을 대폭 향상시키며 제작 시간과 비용을 절감하는 데 크게 기여하고 있다(Bandi, et al., 2023).

AI 이미지 생성기는 주로 두 가지 주요 단계를 통해 작동한다. 첫 번째는 학습 단계로, AI는 방대한 양의 이미지와 해당 이미지에 대한 텍스트 설명이 포함된 데이터를 학습하면서 이미지의 구성 요소와 패턴을 파악한다. 이 과정을 통해 AI는 다양한 비주얼 요소를 이해하고 이를 조합해 새로운 이미지를 생성할 수 있는 능력을 개발한다. 두 번째는 실제 생성 단계다. 사용자가 텍스트 프롬프트를 입력하면, AI는 학습한 데이터를 기반으로 해당 텍스트와 가장 관련성 높은 이미지를 만들어 낸다. 이때 사용자는 추가적인 프롬프트를 제공해 특정 스타일이나 주제를 강조할 수도 있어 더욱 정밀하고 원하는 방향의 결과물을 얻을 수 있다. 이 기술은 일반 사용자도 쉽게 활용할 수 있는 도구로 자리 잡으며, 창작 활동과 관련한 다양한 프로젝트에서 새로운 가능성을 제시한다(Guinness, 2024).

이미지 생성과 연관성이 깊은 콘텐츠인 웹툰 산업도 AI 활용에 대한 논의들이 이루어져 왔다. 웹툰은 스토리텔링을 기반으로 한 시각 예술 콘텐츠로, 작가들은 작품을 제작하기 위해 먼저 스토리보드를 작성한 뒤 이를 바탕으로 그림을 그리고 채색해 각 장면을 완성한다. 이러한 작업은 정해진 마감 기한 내에 수작업으로 이루어지기 때문에, 작가들에게 상당한 시간과 노력이 요구된다.

이를 지원하기 위해 네이버 웹툰에서는 AI 페인터와 같은 인공지능 기술을 도입했다. 네이버는 약 30만 개에 달하는 웹툰 데이터를 활용해 자체 딥 러닝 모델에 캐릭터의 얼굴, 신체, 배경 등 세부 요소를 학습시키며 그림 채색 과정을 자동화하고 있다. 그 결과 작가들은 인공지능의 도움으로 채색에 소모되는 시간과 에너지를 절약하고, 더 창의적인 스토리 개발과 세밀한 작화 작업에 집중할 수 있게 되었다(함민정, 2022).

AI와 영상

역사적인 관점에서 볼 때, 기술의 발전이 미친 영향을 미디어 및 영상 산업만큼 깊고 광범위하게 받은 분야는 흔치 않다. 초기에는 초상화를 그림으로 재현하던 시대가 있었으나, 사진 기술의 도입으로 이미지 기반 콘텐츠 산업이 본격적으로 형성되기 시작했다. 이후 연극을 카메라로 기록하고 이를 필름으로 구현하면서 영화 산업이 급격히 성장했다. 전파 기술과 텔레비전의 발전은 드라마, 예능, 뉴스, 스포츠와 같은 방송 콘텐츠를 대중에게 보편적으로 전달할 수 있는 토대를 마련했고, 이를 통해 가정 내에서의 미디어 소비가 확산했다. 특히 스마트폰의 보급과 대중화는 인터넷, 모바일 네트워크, 그리고 글로벌 플랫폼을 활용해 개인이 직접 콘텐츠를 제작하고 방송하며 새로운 비즈니스 모델을 창출할 수 있는 환경을 조성했다.

생성형 AI가 가져올 변화와 그에 따른 기회를 심도 있게 분석하는 가운데, 이 기술이 영상 산업 전반에 미칠 영향을 예측하는 작업은 점차 중요한 과제로 부상하고 있다. 특히 2024년 2월, OpenAI가 선보인 텍스트-투-비디오(Text-to-Video) 서비스 '소라(Sora)'는 이러한 논의에 획기적인 전환점을 제시했다. 지금까지의 동영상 생성형 AI는 주로 실험적이고 짧은 클립 제작에 국한되었으며, 연속성이 부족하거나 물리적 법칙을 위반하는 부자연스러운 결과물이 다수를 차지했다. 그러나 '소라'는 이전의 기술적 한계를 넘어서는 압도적으로 높은 품질의 영상을 구현하며 업계에 상당한 파장을 일으켰다. 더불어 2024년 1월에는 구글이 새로운 동영상 생성 모델 '뤼미에르(Lumiere)'를 발표하면서 본격적으로 경쟁 구도에 합류했다. 해당 기술은 영상 내 객체의 공간적 위치를 정밀하게 식별하고, 시간적 흐름에 따른 일관성 있는 동작을 구현하는 데 중점을 두고 있어 산업계의 기대감을 크게 고조시켰다(Gizmodo, 2024).

결국 이러한 기술 발전은 단순히 콘텐츠 제작 과정을

바꾸는 것을 넘어 미디어 · 콘텐츠 산업의 미래를 완전히 재설계할 가능성을 시사하고 있다. 관계자들에게는 단순한 관찰 이상의 능동적인 참여와 실험이 요구되는 시점이다.

AI와 출판

디지털 미디어 환경에서 AI 활용의 두드러진 사례 중 하나는 인터랙티브 스토리텔링 분야다. AI 기술은 사용자가 이야기의 전개 과정에 능동적으로 참여할 수 있도록 해 이전까지 수동적으로 소비되던 미디어와는 본질적으로 차별화된 몰입형 경험을 선사한다. 이는 전통적 스토리텔링 구조를 근본적으로 혁신하며, 미디어의 지능화를 촉진하고 사용자 중심의 창작 가능성을 더욱 넓히는 데 기여하고 있다.

마이크로소프트는 자사의 검색 엔진인 빙(Bing)에 ChatGPT 기술을 탑재했으며, 동시에 윈도 운영체제와 MS 오피스 생태계 내에서 인공지능 비서 기능을 결합한 코파일럿(Copilot) 서비스를 제공하고 있다. 코파일럿은 사용자 목적과 주제에 따라 이메일 초안을 작성하거나 프레젠테이션 자료를 구성하고, 엑셀 스프레드시트를 생성하며, MS 워드 문서의 초안을 작성하는 등의 다양한 용도로 활용될 수 있다. 한편 전통적인 출판 · 인쇄 및 디지털 콘텐츠 편집 · 디자인 분야에서 널리 사용되고 있는 어도비 클라우드 플랫폼은 2023년 10월부터 '파이어플라이(Firefly)' 서비스를 새롭게 도입했다. 이 서비스는 10년에 걸쳐 발전한 생성형 인공지능 기술인 어도비 센세이(Adobe Sensei)를 기반으로 기능을 구현하며, 사용자에게 혁신적인 창작 도구를 제공한다. 파이어플라이는 창작 도구의 대중화를 촉진하는 데 있어 중추적인 역할을 할 것으로 예측되며, 이를 통해 창작자의 생산성을 대폭 향상시켜 보다 창의적인 작업에 집중할 수 있는 환경을 조성할 것으로 기대된다. 또한 출판 및 유통체계에서도 생성형 인공지능 기술의 활용이 점차 확대될 가능성이 높다는 점에서 의미 있는 변화를 가져올 것으로 전망된다(공병운, 2023).

참고 문헌

고성연(2022.3.16). 트랜스미디어 시대를 열어가는 현대 미술. 스타일조선, https://buly.kr/EdsgLRz

공병운(2023). 생성형 AI의 등장과 콘텐츠 산업의 변화. ≪KPIPA 리포트≫, 8, 18-29쪽.

김기홍 외(2016). 『문화 콘텐츠와 트랜스미디어』. HUINE.

김종규 외(2013). 『디지털 철학』. 성균관대학교출판부.

임영준(2019.6.13). 미생부터 설국열차, 대장금까지. 예술경영, 425, https://www.gokams.or.kr/webzine/mobile/plan/view.asp?idx=2220&page=44&c_idx=85&searchString=

장민지(2024). 버추얼 휴먼의 등장과 버추얼 엔터테인먼트의 미래: 사이버 가수 아담에서부터 플레이브까지. ≪미디어 이슈 & 트렌드≫, 63, 7-13쪽.

함민정(2022). 웹툰 창작에서의 인공지능 활용 사례와 시사점. ≪미디어 이슈 & 트렌드≫, 59, 1-7쪽.

Bandi, et al.(2023). The power of generative AI: A review of requirements, models, input-output formats, evaluation metrics, and challenges. *Future internet 2023*, 15(8), p.260.

Gizmodo(2024.2.15). OpenAI's video generator sora is breathtaking, yet terrifying. https://gizmodo.com/openai-video-generator-sora-is-breathtaking-terrifying-1851261593

Harry Guinness(2024.9.18). The 7 best AI image generators in 2024. https://zapier.com/blog/best-ai-image-generator/

07
AI 시대의 창작 생존 전략

AI 시대, 혼란스러운 변화의 상황에서 어떻게 디지털 콘텐츠 창작으로 생존을 이끌 수 있는지에 대해 논하고, 생존 전략에 대해 정리한다.

AI와 운동주?

AI 시대의 콘텐츠 환경의 변화

AI 시대의 도래는 다양한 영역에서 콘텐츠 흐름의 변화를 뚜렷하게 나타내고 있다. 무엇보다도 생성형 인공지능의 발전은 콘텐츠 제작 방식 전반에 혁신적인 전환을 가져왔다. 인공지능은 텍스트, 이미지, 음악 등 여러 형태의 콘텐츠를 자동화한 방식으로 생성할 수 있으며, 이로 인해 제작 효율성이 비약적으로 향상했다. 이러한 기술적 진보는 사용자의 요구를 세밀하게 반영한 맞춤형 콘텐츠의 제공을 가능하게 해, 개인화된 경험을 중시하는 현대 소비자들에게 더욱 매력적인 도구로 자리매김하고 있다. 뿐만 아니라 인공지능은 콘텐츠의 유통 및 소비 방식에도 중대한 영향을 미치고 있다. 소셜 미디어 플랫폼과 스트리밍 서비스는 AI 기반 알고리즘을 활용해 정교한 개인화 추천 시스템을 구축하고 있다. 이러한 시스템은 사용자의 취향과 행동 데이터를 면밀히 분석해 최적화된 콘텐츠를 추천함으로써, 소비자들이 플랫폼에서 머무는 시간을 연장하고 사용자 참여도를 증대하는데 중요한 역할을 하고 있다. 이를 통해 AI는 기술적 진보를 바탕으로 콘텐츠 생태계 전반에 걸쳐 새로운 가치를 창출하고 있다.

콘텐츠 마케팅 전략은 AI의 등장으로 인해 획기적인

변화를 맞이하는 중이다. 기업들은 AI 기술을 활용해 대규모 데이터를 정밀하게 분석함으로써 소비자들의 행동 패턴을 예측하고, 이를 기반으로 더욱 정교하고 효율적인 타깃 마케팅(Target Marketing)을 설계할 수 있게 되었다. 이와 같은 전략은 브랜드의 인지도를 널리 알리고, 매출 증대라는 실질적인 성과를 도출하는 데 있어 매우 효과적인 것으로 평가받고 있다. 더 나아가 AI는 단순히 작업 효율성을 향상시키는 것을 넘어 콘텐츠의 질적 발전과 다양성 확대에도 중요한 역할을 하고 있다. 다양한 문화적 배경과 최신 트렌드를 반영한 콘텐츠를 제작할 수 있는 역량은 글로벌 시장에서 기업의 경쟁력을 강화하는 데 크게 기여한다. 이로 인해 기업과 창작자들은 새로운 기회를 발견할 수 있으며, 다양한 소비자의 니즈(Needs)와 기대를 충족하며 지속적으로 변화하는 시장 요구에 부응하고 있다(Cranefield, et al., 2022).

AI 기술은 콘텐츠 산업의 다양한 변화를 가져올 것으로 예측되고 있다. 첫째, 업무 환경의 변화로 생성형 AI는 특정 직무를 대체하거나 직원 생산성을 향상시키는 도구로 활용되면서 업무 환경에 중대한 변화를 미칠 것으로 보인다. 둘째, 생성형 AI는 소설, 웹툰, 캐릭터 등 다양한 콘텐츠를 단시간 내에 제작할 수 있는 환경을 조성하면서 창작 환경 변화를 가속할 것이다. 예를 들어 생성형 AI는 웹툰 배경, 엑스트라 캐릭터, 게임 배경 소품 등 부수적인 요소 생성에 활용되어 창작자가 핵심 작업에 집중할 수 있도록 돕기도 한다. 셋째, 생성형 AI 기반 창작 도구의 확산은 사용자에게 이전보다 더욱 편리한 창작 환경을 제공하며, 이는 창작 전반에 걸쳐 커다란 영향을 미칠 가능성이 있다. 마지막으로 생성형 AI를 활용한 콘텐츠 창작 활성화는 기존에 유통 플랫폼이 주도하던 콘텐츠 시장에 창작 플랫폼의 등장을 예고하며 시장 구조 전반에 변화를 일으킬 전망이다(권구민, 김현석, 2023).

AI 콘텐츠 창작 생존 전략

생성형 AI의 최적화 과정에서 제기되는 주요 문제는 주로 제한된 양의 학습 데이터를 기반으로 작동한다는 점에서 비롯된다. 이러한 한계는 콘텐츠 산업이 요구하는 높은 수준의 창의적 결과물을 생성하는 데 제약으로 작용한다. 따라서 완성도 높은 콘텐츠 제작을 가능하게 하는 인공지능을 개발하기 위해서는 창작 의도와 맥락에 부합하는 대규모의 학습 데이터를 체계적으로 구축하는 것이 필수적이다(Obedkov, 2022).

콘텐츠 산업에서 생성형 AI를 효과적으로 활용하려면, 해당 산업의 특성과 비즈니스 목표에 부합하는 맞춤형 AI 알고리즘 설계가 반드시 필요하다. 동시에 부정확하거나 편향된 정보가 아닌 해당 분야에 적합하고 정교하게 구축된 데이터베이스를 기반으로 학습을 진행해야 한다. 특히 생성형 AI가 새로운 콘텐츠를 창작하려면 인간이 이전에 만들어 낸 결과물을 학습하는 과정이 필수적이며, 이 과정에서 원저작물의 광범위한 활용에 대한 저작권자의 동의를 확보하는 문제가 중요한 과제로 떠오르고 있다. 현재로서는 생성형 AI의 학습 데이터 활용에 대한 명확한 기준이 마련되지 않은 상태이며, 이로 인해 법적 분쟁의 가능성이 점차 주요 이슈로 부각하고 있다(차주경, 2023).

그러나 예술가들 사이에서는 자신의 창작물이 무단으로 AI 모델 학습에 사용되는 문제를 두고 반발이 점차 거세지고 있다. 이러한 움직임은 집단 소송 등 법적 대응으로 이어지며, 예술가들은 자신들의 권리를 지키기 위해 더욱 체계적으로 행동에 나서고 있다. 이들은 동의 없이 창작물이 무단 스크랩되어 AI 학습 데이터로 활용된 것이 창작권 및 지적 재산권을 침해하는 행위라고 강력히 주장하고 있다.

특히 주목할 만한 사례로, 일본에서 출시된 그림 생성 AI '미믹(Mimic)'이 있다. 이 기술은 특정 작가의 작품 15장만 학습한 후 단 2시간 만에 해당 작가의 독창적인 화풍과 유사한 결과물을 생성할 수 있을 정도로 발전된 기능을 선보였다. 그러나 이는 한 작가가 수년에서 수십 년에 걸쳐 쌓아온 고유한 화풍을 모방한다는 점에서 윤리적 논란을 불러일으켰다. 결국 작가들의 강력한 반발로 인해 이 서비스는 공개된 지 하루 만에 중단되는 상황을 맞았다. 이와 같은 사례들은 생성 AI 기술의 눈부신 발전이 창작자의 권리 보호라는 복잡하고 민감한 문제를 동반하고 있음을 단적으로 보여 준다. 또한 이러한 문제를 해결하기 위해 제도적 정비와 윤리적 논의가 시급히 이루어져야 함을 강력히 시사한다(김영대, 2022., Growcoot, 2023).

기존 기술과 비교한 생성형 AI의 편익 문제는 현대 콘텐츠 산업에서 중요한 논의 주제로 부상하고 있다. 그중에서도 가장 두드러진 문제는 적절한 수익 모델의 부재로 인해 사업의 수익성과 지속 가능성을 명확히 예측하기 어렵다는 점이다. 생성형 AI는 특정 목적에 최적화된 학습 과정을 필요로 하며, 이러한 과정에는 방대한 데이터 확보와 맞춤형 솔루션 제공을 위한 높은 비용이 수반한다. 하지만 현재로서는 해당 비용에 대한 구체적인 산정과 예측이 어려운 상황이다. 더 나아가 학습 데이터와 관련된 저작권 문제 역시 중요한 변수로 작용하고 있다. 이러한 문제는 궁극적으로 콘텐츠 산업 전체의 사업 전략 및 방향성에 지대한 영향을 미칠 것으로 보인다 (Murgia & Johnston, 2023).

AI 콘텐츠 창작 환경에서 창작자로서 생존 전략은 여러 가지 측면에서 접근이 가능하다. 첫째, AI 도구를 활용해 창작 과정을 효율화하는 것이 중요하다. AI는 다양한 작업을 지원해 창작자가 더 많은 시간을 창의적인 작업에 집중할 수 있도록 도와준다. 둘째, 콘텐츠의 질을 높이기 위해 AI와 협업하는 방법을 모색해야 한다. 셋째, 지속적인 학습과 적응이 필요하다. AI 기술은 빠르게 발전하고 있으며, 창작자는 이러한 변화에 발맞추어 새로운 기술과 트렌드를 학습해야 한다. 마지막으로 창작자는 자신의 독창성을 잃지 않도록 주의해야 한다.

이러한 전략들을 통해 AI 콘텐츠 창작 환경에서 창작자는 더욱 효과적으로 생존하고 성장할 수 있을 것이다.

참고 문헌

권구민, 김현석(2023). 콘텐츠 산업의 생성형 AI 활용 이슈와 대응 과제. ≪KOCCA FOCUS≫, 150, 1-15쪽. 한국콘텐츠진흥원.

김영대(2022.11.25.). 그림 · 소설 · 영상까지... 예술 넘보는 인공지능. MIDAS, http://yonhapmidas.com/article/221206113324_139276
차주경(2023.2.9). 게티이미지, 인공지능 사진 생성 도구에 '2268조 원' 소송 제기. IT dongA, http://it.donga.com/103435
Cranefield, et al.(2022). Partnering with AI: The case of digital productivity assistants. *Journal of the royal society of new zealand*, 53(1), pp.95-118.
Growcoot, M.(2023.1.17). Lawsuit filed against AI image generators stable diffusion and midjourney. *Petapixel*, http://petapixel.com/2023/01/17/lawsuit-filed-against-ai-image-generators-stable-diffusion-and-midjourney/
Murgia, M. & Johnston, I.(2023.1.21). Art and artificial intelligence collide in landmark legal dispute. F*inancial times*, https://www.ft.com/content/d691d599-3cdb-48d8-9824-9b2784a17d90
Obedkov, E.(2022.12.14). What game devs think about generative AI: "World and mission design are about as AI solvable as neurosurgery". *Gameworldobsever*, http://gameworldobserver.com/2022/12/14/generative-ai-game-developers-opinion-cyberpunk-2077-rdr2

08
디지털 콘텐츠 환경과 윤리, AI

AI 시대의 디지털 콘텐츠는 디지털 환경의 적용 안에서 다양한 윤리적 문제들을 겪고 있다. AI 활용 시 필요한 윤리 의식과 저작권 등에 대해 알아본다.

AI와 한의학?

AI 시대의 디지털 콘텐츠와 윤리적 문제

1956년에 '인공지능'이라는 용어가 공식적으로 사용된 이후, 인공지능 기술은 지속적인 발전을 이루어 왔다. 최근 들어 기술의 고도화와 더불어 이를 둘러싼 윤리적 쟁점들에 대한 논의가 본격화하고 있다. 특히 인공지능이 스스로 학습하고 의사 결정을 내릴 수 있는 자율성을 가지게 되면서, 인간의 통제를 벗어나 잠재적으로 인간을 지배할 수 있다는 위협과 예기치 않은 사고가 발생했을 때 책임 소재가 모호해지는 문제에 대한 우려가 커지고 있다. 이러한 문제를 해결하기 위한 연구와 논의는 꾸준히 이루어지고 있으며, 윤리적 틀 마련과 문제 제기에 주력하고 있다(배영임, 김유나, 2022).

인공지능의 윤리적 문제 중 하나는 사회의 편견과 차별을 악화시키거나 지속할 수 있는 가능성이다. 이는 AI 알고리즘이 불완전한 정보를 포함한 대규모 데이터셋(DataSet)으로 훈련되기 때문에 편향된 내용을 악화시킬 수 있기 때문이다. AI에 편향성, 공정성, 정확성 등의 모든 요소를 대입하기에는 어려움이 있기 때문에 신중한 판단이 필요하다. 또한 AI의 윤리적 문제 중 주요 쟁점은 개인 정보의 침해 가능성이다. 데이터를 수집하는 과정에서 개인의 정보가 적절하게 보호되지 않고, 악용되는 사례가 발생할 위험성이 있다. 이 외에 AI를 활용해 가짜 콘텐츠를 제작해 혼란을 주는 사례도 있다. 그 예로 트위터에 미국 국방부 청사인 펜타곤(The Pentagon)이 폭발하는 가짜 사진이 공개되어 혼란이 발생했고, 미국 대선을 앞두고 정치 캠페인에 AI로 생성한 사진이 혼란을 주기도 했다(주다영, 2023).

인공지능의 자율성과 권한이 점차 확장됨에 따라, 그로 인해 발생할 수 있는 의사 결정 결과의 잠재적 위험성에 대한 우려 역시 커지고 있다. 특히 윤리적 판단은 개인의 신념과 가치관, 상황적 맥락 등 다양한 복합적 요인에 의해 영향을 받는 특성을 가지며, 이는 본질적으로 명확하지 않고 유동적이다. 이러한 어려움을 극복하고 모호한 윤리적 기준을 인공지능 알고리즘에 효과적으로 반영함으로써, 그것이 인간에게 이로운 기술로 발전할 수 있도록 하는 방안을 마련하는 것이 현재의 중요한 과제 중 하나로 떠오르고 있다(Bird, et al., 2020).

유럽, 미국, 일본, 영국, 한국 등 여러 국가에서는 윤리 가이드라인을 마련하고 이를 실행하기 위한 정책적 방안을 강구하고 있다. 동시에 글로벌 빅 테크 기업들은 자율 규제를 통해 기술적 문제 해결 방안에 집중하고 있으며, 특히 알고리즘의 편향성을 완화하거나 차별적 · 혐

오적 콘텐츠를 탐지하고 제거하는 기술적 접근이 중요하게 부각하고 있다. 주목할 만한 점은 인공지능 윤리 문제에 대한 대응에는 단순히 제도적 차원을 넘어 기술적 관점까지 아우르는 포괄적이고 통합적인 접근이 필요하다는 것이다. 이러한 과제의 해결을 위해서는 정부뿐만 아니라 민간 기업도 능동적으로 협력해 지속 가능한 해법을 모색하는 노력이 요구된다(Amdur, 2024).

AI 활용과 저작권

AI 저작권 문제는 현재 매우 복잡하고 논란이 많은 주제다. 인공지능이 생성한 작품에 대한 저작권 인정 여부는 법적 · 윤리적 측면에서 다양한 의견이 존재한다. 일반적으로 AI가 창작한 작품이 인간의 창작물과 동일한 저작권 보호를 받을 수 있는지에 대한 논의가 진행되고 있다. 예를 들어 AI가 창의적이고 예측할 수 없는 작품을 생성할 경우, 저작권이 인정될 수 있다는 주장이 있다. 그러나 AI가 기존의 저작물을 학습해 생성한 경우, 원저작자의 저작권을 침해할 가능성이 높기 때문에 다양한 문제를 야기한다. 이러한 저작권 문제는 특히 데이터 학습 과정에서 발생하는데, AI가 학습하는 데이터의 출처와 사용 권한이 주요 쟁점이다. AI가 특정 저작물을 학습해 생성한 결과물이 원저작물과 유사할 경우, 저작권 침해로 간주될 수 있다. 또한 AI가 생성한 콘텐츠의 소유권 문제도 중요한 이슈로 떠오르고 있는 실정이다. 현재로서는 AI가 생성한 작품의 저작권이 누구에게 귀속하는지에 대한 명확한 법적 기준이 부족하다(Zirpoli, 2023).

미국의 경우 AI가 생성한 콘텐츠에 대한 저작권법이 변화할 가능성이 있으며, 이는 AI 산업에 큰 영향을 미칠 수 있다. 따라서 AI 저작권 문제는 단순히 기술적 문제를 넘어 법적 · 사회적 논의가 필요한 복합적인 이슈다. 이러한 상황에서 AI의 저작권 문제를 해결하기 위한 구체적인 법적 규정이 필요하다는 목소리가 커지고 있다.

참고 문헌

김유나, 배영임(2022). 『인공지능의 윤리적 쟁점에 관한 탐색적 연구』. 경기연구원.

이용준(2022). 블록체인 기반 디지털 콘텐츠 관리 플랫폼 기술 동향. ≪문화정보 이슈리포트≫, 2022-5(35). 한국문화정보원

주다영(2023.6). AI의 윤리적 문제와 해결 방안. ≪ie 매거진≫, 30(2), 24-29쪽.

E. Amdur(2024.1.24). 6 Critical – and urgent – ethics issues with AI. *Forbes*, https://www.forbes.com/sites/eliamdur/2024/01/24/6-critical--and-urgent--ethics-issues-with-ai/

E. Bird, et al.(2020). The ethics of artificial intelligence: Issues and initiatives. *Panel for the future of science and technology(STOA).*

T. Zirpoli(2023.9.29). Generative artificial intelligence and copyright law. C*ongressional research service*, https://www.congress.gov/crs-product/LSB10922

09
AI 창작 예술과 심리

AI를 창작하는 창작가와 소비하는 대중의 심리 현상에 대해 알아보고, 어떤 형태로 AI 창작 작품을 바라보고 있는지 설명한다.

AI와 화장품?

콘텐츠 소비와 대중 심리

과거에는 문화 예술이 주로 문학, 시각 예술, 오페라, 음악, 연극, 역사적 건축물 등 이른바 고급 예술로 대표되었지만, 오늘날 그 범주는 대중 예술까지 포함하며 훨씬 더 광범위하게 확장되었다. 현대의 문화 예술은 다양한 방식으로 표현되며, 그 창작과 공유 과정에서는 개인과 사회의 가치관, 정체성·역사적 배경, 그리고 문화 간 상호 작용이 자연스럽게 스며든다. 이러한 문화 예술을 경험하고 교류하는 과정은 개인에게 자기 성찰과 감각의 재발견을 통해 삶을 더욱 풍요롭게 만드는 기회를 제공한다. 나아가 타인과 함께하는 문화 예술 활동은 소통과 공감을 촉진하며, 사회적 연결을 강화하고 상호 이해를 깊이는 데 중요한 역할을 한다(박준성, 2024).

현대 사회에서 콘텐츠 소비와 대중 심리는 중요한 연구 주제로 자리 잡고 있다. 특히 디지털 미디어의 급속한 발달은 소비자들이 다양한 콘텐츠에 접근할 수 있는 기회를 제공하며, 이는 대중 심리에 깊은 영향을 미치고 있다. 콘텐츠 소비는 단순히 정보나 오락의 습득을 넘어, 개인의 정체성과 사회적 관계 형성에 중요한 영향을 미치는 행위로 평가된다.

대중은 콘텐츠 소비를 통해 심리적 만족을 추구하며,

이는 개인의 정서적 상태와 밀접하게 연결되어 있다. 예를 들어 스트레스 해소를 목적으로 코미디 콘텐츠를 선택하거나, 정서적 지지를 위해 드라마를 선호하는 경향이 나타난다. 이러한 경향은 단순한 개인적 만족을 넘어서, 콘텐츠 소비가 사회적 상호 작용을 촉진하는 매개체로 기능함을 보여 준다. 구체적으로 이는 사람들 사이에서 대화 주제를 제공하고, 공동체 의식을 강화하는 데 중요한 역할을 한다. 한편 콘텐츠 소비 방식은 세대별로 뚜렷한 차이를 보인다. 젊은 세대는 짧고 다양한 형식의 콘텐츠를 선호하며, 이와 같은 선호는 이들이 정보에 대해 짧아진 집중력을 반영하는 결과로 분석된다. 또한 이들은 여러 정보를 동시에 소비하려는 성향을 보이며, 이는 대중문화에서의 소비 방식을 변화시키는 주요 요인으로 작용하고 있다. 이와 같은 변화는 현대 디지털 환경 속에서 콘텐츠 소비와 대중 심리의 상호 작용에 대한 보다 심층적인 연구가 필요함을 시사한다(이용관 외, 2015).

콘텐츠 소비는 사람들의 심리와 깊이 연관되어 있으며, 개인의 감정적 필요와 사회적 관계를 자연스럽게 담아낸다. 이에 따라 콘텐츠 제작자들은 이러한 심리적 측면을 세심히 고려해, 소비자에게 더 만족스러운 경험을 선사할 수 있는 방향으로 콘텐츠를 기획하고 발전시킬 필요가 있다.

AI 창작 작품을 바라보는 대중의 시각

AI 콘텐츠는 현대 대중의 소비에 깊이 관여하며 여러 방면에서 그 영향을 드러내고 있다. AI를 기반으로 한 콘텐츠 제작은 소비자들에게 맞춤형 경험을 제공해 중요한 역할을 하고 있으며, 이러한 개인화된 접근은 소비자들의 관심을 끌어내고 궁극적으로 더 많은 소비를 유도한다. 동시에 AI는 콘텐츠의 폭과 다양성을 확대하고 있다. AI 기술을 활용해 다양한 형태와 스타일의 콘텐츠가 창출됨에 따라 소비자들은 더 많은 선택지를 가질 수 있게 되었다.

인공지능 콘텐츠는 대중문화의 소비 방식에 심대한 변화를 초래하고 있다. 현대 소비자들은 단순히 수동적으로 콘텐츠를 소비하는 데에 그치지 않고, AI가 생성한 콘텐츠와 적극적으로 상호 작용하며 새로운 형태의 팬덤(Fandom) 문화를 형성하고 있다. 이러한 변화는 특히 소셜 미디어 플랫폼에서 뚜렷이 나타나며, 소비자들은 AI가 제안하거나 추천하는 콘텐츠를 통해 새로운 트렌드를 발견하고 이에 참여하는 양상을 보인다. AI를 활용해 누구나 창작하고 다양한 형태로 소비하는 날이 머지 않았기 때문이다(이이슬, 2024).

AI 기반 콘텐츠는 현대 비즈니스 환경에서 여러 가지 장점과 단점을 제공한다. 그 장점으로는 생산성의 획기적인 향상을 들 수 있다. AI 도구를 활용하면 콘텐츠 제작 과정이 자동화해 시간과 노력을 대폭 줄일 수 있으며, 대량의 데이터를 신속히 분석하고 이를 바탕으로 콘텐츠를 생성할 수 있다. 이는 마케팅 및 콘텐츠 제작 팀의 효율성을 극대화하는 데 크게 기여한다. 또한 AI는 개인화된 콘텐츠를 제공하는 데 있어 탁월한 성과를 보인다. 사용자 행동과 선호도를 분석해 맞춤형 콘텐츠를 제작해 고객의 관심을 사로잡고 전환율을 높이는 데 도움을 준다. 여기에 더해 최적화 작업(SEO; Search Engine Optimization)을 지원해 검색 엔진에서의 노출도를 상승시킬 수 있다는 것도 중요한 이점이다. 비용 절감 측면에서도 AI는 큰 장점을 가지고 있다. 인건비를 절약하고 상대적으로 적은 자원으로도 고품질 콘텐츠를 생산할 수 있기 때문에, 특히 자원이 제한적인 중소기업이나 스타트업(startup)에 유용하다. 마지막으로 AI는 데이터 기반의 인사이트를 제공해 더 정교하고 전략적인 마케팅 계획을 세우는 데 도움을 준다. 트렌드 분석과 예측 기능 덕분에 기업은 시장 변화에 민첩하게 대응할 수 있다(Knapfel, 2024).

인공지능 기반 콘텐츠는 다양한 장점을 제공함에도 불구하고, 몇 가지 근본적인 제약과 문제를 가지고 있다. 가장 두드러진 한계 중 하나는 독창성의 부족이다. AI는 기존 데이터를 기반으로 학습해 콘텐츠를 생성하기 때문에, 참신한 아이디어를 제안하거나 창의적 관점을 제시하는 데 제약을 받는다. 이러한 한계는 특히 창의성과 정서적 요소가 핵심적인 역할을 하는 예술적 콘텐츠 분야에서 만족도를 저하시킬 가능성이 높다. 감정적 깊이의 부재는 AI가 생산한 콘텐츠가 인간 소비자들에게 정서적 충족감을 제공하는 데 어려움을 초래한다. 이는 AI 기술이 인간의 감정을 완전히 이해하거나 정교하게 표현하는 데 여전히 한계가 있음을 반영하며, 인간의 감정과 교감하는 몰입형 콘텐츠 개발에 어려움을 초래한다. 결과적으로 이러한 정서적 결여는 독자와의 심리적 유대감을 약화하고 콘텐츠의 효과성을 저하시킬 잠재적 가능성을 내포한다(Kartik, 2024).

AI를 활용한 창작 작품은 최근 몇 년간 급격히 발전하면서 대중의 심리와 예술 소비 방식에 큰 영향을 미치고 있다. 기술의 발전으로 인해 점점 더 많은 사람들에게 접근 가능해지고 있으며, 이는 예술의 문턱을 낮추는 결과를 가져왔다. 또한 AI가 생성한 예술은 인간 예술가의 작품과 비교할 때 미학적 가치와 감정적 차이가 있다는 것을 대중이 인식하게 되었다. AI가 창작한 작품은 관객에게 새로운 경험을 제공하기도 하며, 이는 소비자 행동에 변화를 일으킬 수 있게 되었다. 대중은 AI를 이용해 쉽게 자신의 감정이나 생각을 예술로 창작할 수 있게 되었다. 이렇게 AI 기술이 예술 창작에 도입됨으로써, 예술가와 관객 간의 상호 작용 방식도 변화하고 있다. AI는 관객의 반응을 분석해 더 나은 예술적 경험을 제공할 수 있는 가능성을 열어 주기도 한다.

AI 예술이 대중 심리에 미치는 영향은 단순히 소비 패턴의 변화에 그치지 않고, 예술에 대한 인식과 가치관에도 변화를 가져오고 있다. 많은 사람들이 AI가 창작한 예술을 인간의 창작물과 동등하게 바라보게 되면서, 예술의 정의와 경계가 확장되고 있기 때문이다. 이러한 변화는 앞으로도 계속될 것으로 예상되며, AI와 예술의 융합은 대중의 심리와 문화적 소비 방식에 지속적인 영향을 미칠 것으로 보인다. 이에 따라, AI를 창작 예술에 활용하면서 야기되는 다양한 문제들에 대한 안정적인 대비책도 마련되어야 한다.

참고 문헌

박준성(2024). 사회 심리학적 관점에서 분석한 관객의 문화 예술 소비 심리. 웹진 A SQUARE, 2024-7(11), https://www.arko.or.kr/asquare/webzine.cs?webzineId=vol11&webzineNm=square_109&wwrId=109

이용관 외(2015). 콘텐츠 분야 소비 트렌드 분석 - 이용 시간 분석을 중심으로. 한국문화관광연구원.

이이슬(2024.7.13). 영상 산업 대변혁…수천억 제작비 블록버스터 사라진다. 아시아경제_문화라이프, https://www.asiae.co.kr/article/2024071211112404564

J. Knapfel(2024.7.30). AI content: What are the pros and cons?. *Webfor*, https://webfor.com/blog/ai-content-what-are-the-pros-and-cons/

M. Kartik(2024.2.23). The pros and cons of AI-generated content. *Netclues*, https://www.netclues.com/blog/the-pros-and-cons-of-ai-generated-content

10
디지털 콘텐츠 창작의 미래와 AI

디지털 콘텐츠 창작의 미래가 어떻게 진행될 것인지에 대한 전망과 AI 활용성에 대해 가능성을 타진한다.

종교와 AI?

디지털 콘텐츠 창작의 미래

국내 콘텐츠 산업은 K-콘텐츠로 상징되는 성장과 글로벌 확산을 기반으로 다양한 유형의 콘텐츠가 지속적으로 창출되고 유통되며, 이를 통해 산업적 가치를 증대하기 위한 노력이 활발히 진행되고 있다. 콘텐츠 산업의 수출액은 꾸준한 상승세를 보이고 있으며, 그 영향력은 전 세계적으로 확대되는 추세다. 특히 디지털 콘텐츠의 비중이 점차 증가하면서, 저작권 보호와 효과적인 관리 방안을 마련하는 문제가 핵심 과제로 부상하고 있다. 이에 따라 콘텐츠 관리 플랫폼의 기술적 발전에 대한 필요성이 높아지고 있으며, 정부와 산업계에서도 이를 중요한 전략 기술로 지정하고 적극적으로 지원하는 움직임이 뚜렷해지고 있다.

디지털 시대에 콘텐츠 제작은 매우 경쟁적인 분야가 되었다. 타깃 청중의 관심을 사로잡고 경쟁에서 돋보이려면 트렌드를 예측하고 받아들이는 것이 중요하다. 새롭게 등장하는 트렌드를 미리 파악하고 받아들이면, 당신은 혁신적인 사고방식을 가진 리더로서 경쟁 우위를 유지할 수 있다. 콘텐츠 제작에서 앞서 중요한 점은 개인화의 힘을 이해하는 것인데, 이것은 소비자들이 자신의 필요와 선호도에 맞춰진 콘텐츠를 기대한다는 것이다.

이러한 데이터 분석 및 AI 기술에 대한 투자는 디지털 콘텐츠 창작에 대한 개인화 관점을 강조하고 있다. 특히 최근 들어 대중과의 상호 작용을 강조하는 디지털 콘텐츠들이 제작되면서 '인터랙티브 콘텐츠'에도 인공지능이 영향력을 미칠 것으로 예측되고 있다. 이제 수동적인 소비 시대는 지나고, 대중은 적극적으로 참여할 수 있는 디지털 콘텐츠를 갈망한다.

생성형 인공지능 기술은 콘텐츠 가치 사슬(Value Chain) 전반에 걸쳐 막대한 영향을 미치고 있다. 이 기술은 창의성을 기반으로 스토리, 이미지, 음악뿐만 아니라 영상까지 다양한 콘텐츠를 생성하는 데 활용되며, 글로벌 빅 테크 기업뿐만 아니라 스타트업까지 참여해 발전을 이루고 있다. 특히 간단한 프롬프트 입력 방식만으로 고품질 영상을 제작할 수 있는 플랫폼 개발이 활발히 이루어지고 있다. AI 기술은 또한 개인화된 콘텐츠 제작 및 유통을 통해 사용자 취향과 행동 패턴을 분석해 맞춤형 콘텐츠를 제공함으로써 사용자가 더욱 흥미롭고 몰입감 있는 경험을 할 수 있도록 돕는다. 텍스트, 이미지, 음성, 영상 등 다양한 형태의 콘텐츠를 최소한의 자본과 인력을 투입해 자동으로 생성함으로써 제작 효율성과 신속성을 극대화하고 있다. 나아가 예측 분석 기술을 통해 소비자 행동 데이터 및 콘텐츠 트렌드를 분석하고, 이를 바탕으로 변화하는 시장 요구에 빠르게 대응함으로써 경쟁력을 더욱 강화하고 있다(박혁태, 2024).

AI 기반 추천 시스템은 사용자의 선호도와 과거 행동 데이터를 분석해 최적화된 추천 콘텐츠를 제공하며, 이를 통해 사용자들은 보다 다양하면서도 자신에게 맞는 콘텐츠를 경험할 수 있다. 더불어 가상 현실, 증강 현실, 메타버스 및 NFT와 같은 첨단 기술이 AI와 결합해 더욱 현실적이고 효과적인 콘텐츠와 서비스를 구현하고 있으며, 이는 기존 기술의 혁신적 재도약을 가능하게 하고 있다. AI는 저작권 보호 측면에서도 중요한 역할을 수행하고 있다. 인공지능을 활용해 저작권 침해를 신속히 감지하고 방지함으로써 콘텐츠 제작자의 권리를 보호하고 정당한 보상이 이루어질 수 있도록 지원한다. 이 외에도 AI 기반 협업 툴은 콘텐츠 제작 과정에서 팀 간 의사소통과 작업 효율성을 높여 제작 환경의 전반적 혁신을 도모하고 있다(이건복, 2024).

영상 제작 분야에서는 자동 편집, 색 보정, 음향 처리, 특수 효과 생성 등 다양한 작업을 혁신적으로 개선함으로써 제작 시간과 비용을 절감하는 동시에 더 높은 품질의 콘텐츠를 생산하고 있다. 또한 게임 산업에서는 유저

(User)와 콘텐츠 간 상호 작용의 중요성이 강조되면서 몰입감과 다양한 경험을 제공하기 위해 AI 기술이 일찍부터 적극적으로 도입되었다. 웹툰 분야에서도 AI는 창작 보조 및 최적화된 큐레이션, 불법 유통 모니터링 등 다양한 영역에서 활용되며 창작자와 제작 환경에 실질적인 기여를 하고 있는 상황이다.

AI는 동화된 콘텐츠 생성부터 개인화된 추천까지 '콘텐츠 제작 프로세스'를 간소화하기 시작했다. AI 기반 도구를 통해 콘텐츠 제작자는 데이터를 분석하고 트렌드를 파악하며 콘텐츠를 최대 효과를 위해 최적화할 수 있다. 또한 음성 검색과 스마트 어시스턴트(Smart Assistant)의 부상은 콘텐츠 제작의 미래를 형성할 것이다. 점점 더 많은 사람들이 음성 명령에 의존해 정보를 검색하고 기술과 상호 작용함에 따라 콘텐츠 제작자는 음성 기반 질문에 맞춰 콘텐츠를 최적화해야 한다. 즉 대화형 어조를 채택하고 특징적인 요약을 위해 콘텐츠를 구조화하고 음성 지원 장치를 통해 쉽게 접근할 수 있도록 해야 하는 것이다. 디지털 콘텐츠 창작의 미래는 흥미로운 가능성으로 가득 차 있다. 흐름을 따라가고 새로운 트렌드를 받아들이고 기술의 힘을 활용함으로써 콘텐츠 제작자는 청중과 공감하는 매력적이고 개인화된 경험을 제공할 것으로 예측된다.

AI 시대, 디지털 콘텐츠 창작의 시사점

AI 시대의 디지털 기술 중심적 사회에서, 빅 데이터 학습으로 인한 편향성 문제를 해소하기 위한 진지한 논의가 필요하다. 편향된 데이터는 잘못된 정보와 선입견을 강화해 사실을 왜곡하거나 차별을 고착화하는 결과를 초래할 수 있다. 이에 따라 창작자가 데이터의 출처를 자각하고 이를 철저히 검증하는 노력이 반드시 요구된다. 특히 영어권, 그중에서도 미국 중심으로 데이터가 편중하면서 지리적 불균형 문제가 발생하고 있다. 더구나 생성형 AI는 인터넷에 이미 널리 유통되고 있는 무료 콘텐츠를 주로 학습하는 경향이 있기 때문에, 디지털 생태계를 해치지 않으면서도 AI와 상생할 수 있는 방안을 모색해야 한다. 또한 창작자와 소비자 모두 AI와 관련한 윤리적 문제에 높은 책임감을 가져야 한다. 생성형 AI가 대중화하면서 창작 과정에서 윤리성이 결여될 수 있는 위험이 부각했으며, 폭력적이거나 특정 개인에게 위해를 가할 수 있는 창작물이 무분별하게 확산하는 문제를 예방해야 한다. 이를 위해 제도적 차원에서 현실적이고 효과적인 규제안을 마련해야 하는 과제가 주어진다(전윤호, 2024).

모든 기술은 양면성을 가지고 있다. 그러므로 다양한 성별 · 연령 · 직업의 관점을 통해 균형 잡힌 논의와 관심을 유도할 필요가 있다. 스마트폰 초기 시대에도 신종 범죄 행위와 디지털화의 부작용에 대한 우려가 있었지만, 예기치 못한 문제점들이 오히려 청소년들의 외모 강박감이나 사회적 위화감 같은 형태로 나타났다. 이는 새로운 기술과 기존 사회적 문화의 충돌을 명확히 보여 주는 예라 할 수 있다.

현재로서 급선무는 규제를 논하기 이전에 디지털 및 AI 콘텐츠 리터러시(Literacy)를 강화하는 교육을 진행하는 것이다. 연령 · 산업 · 지역 등에 따라 AI 활용 격차가 심각하게 나타나고 있는 지금, 균등한 활용 기회를 교육과 제도적 지원을 통해 보장해야 한다. 누구나 생성형 AI를 활용해 창작물을 제작할 수 있는 시대에, 거짓 정보나 음란물 같은 부적절한 콘텐츠를 걸러 낸 뒤 올바르게 소비하기 위한 리터러시 역량은 선택이 아닌 필수가 되었다.

현재 생성형 AI 기반 창작 툴은 빠르게 발전하고 있으며, 일인 창작자를 포함한 여러 형태의 창작자들에게 핵심 도구로 자리 잡고 있다. 이는 자본으로부터 창작자를 일정 부분 해방해 적은 비용으로도 높은 품질의 산출물을 제작할 수 있게 함으로써 큰 장점을 제공한다. 하지만 동시에 무단 데이터 학습으로 인한 저작권 이슈와 윤리적 가이드라인의 부족이라는 한계도 명확하다. 이에 따라 창작자들은 이러한 문제를 이해하고 대응할 수 있도록 적절한 교육과 학습을 병행해야 하는 상황에 놓여 있다(한국콘텐츠진흥원, 2024).

이처럼 AI는 디지털 콘텐츠 창작의 많은 환경 변화를 가지고 왔지만, 앞으로 해결해 나가야 하는 문제점들도 예측되고 있다. 기술의 발전에 따라 환경에 적응하면서 디지털 생태계를 건강하게 유지하는 다양한 방법들에 대한 논의도 필요하다. 이제 인공지능은 우리의 삶에 깊숙이 침투해 있고, 이와 어떻게 협업해 발전을 이루어 낼 수 있는지가 중요한 지점이다. 디지털 콘텐츠 창작 분야에서도 이 지점을 간과하지 않고, 지속적인 발전을 위해 여러 가지 논쟁점에 대응해야 할 것이다.

참고 문헌

박혁태(2024). AI가 이끄는 콘텐츠 산업 혁명, 현재와 미래. ≪KOCCA FOCUS≫, 166. 한국콘텐츠진흥원.

이건복(2024.6.12). AI 기술 변화와 콘텐츠 산업에서의 영향. 〈2024 콘텐츠산업포럼〉 정책 포럼. 한국콘텐츠진흥원.

전윤호(2024.6.14). AI와의 공생과 창작의 미래. 〈2024 콘텐츠산업포럼〉 이야기 포럼. 한국콘텐츠진흥원.

한국콘텐츠진흥원(2024.6.12). 시대의 새로운 창작자, AI의 현주소와 대응 방안. 〈2024 콘텐츠산업포럼〉 이야기 포럼 '종합 토론'.

박혜리

동양대학교 웹툰애니메이션학과 교수다. 상명대학교에서 만화 전공으로 학사, 석사, 박사 학위를 받았으며, 숭실대학교에서 상담심리학 전공으로 석사 학위를 취득했다. (사)한국만화웹툰학회 운영 위원 및 이사로 활동하고 있으며, ≪민족백과사전≫ 만화 부분 집필 위원을 맡았다. 또한 (재)한국만화영상진흥원 만화비평지 ≪지금, 만화≫ 발간 위원, 동두천시 교육발전특구 '디지털 미디어 크리에이터 창업자 양성' 사업 책임자다. 주요 저서로는 NCS 만화 콘텐츠 교재인 『만화 작품 기획』(2018) 외 관련 교재 총 8권, 『2023 한국만화사 구술채록 연구 29권: 조관제』(2023) 등을 집필했다. 연구로는 "'오노레 도미에'의 사회풍자화를 기반으로 한 만화를 소비하는 대중 심리에 대한 연구"(2023), "칼 융의 적극적 상상 관점으로 본 만화의 치유적 속성"(2021) 등이 있다. 그 외 만화치료 연구와 다수의 전시회를 진행했으며, 심리학 만화 작가, 만화비평가 등으로 활발하게 활동하고 있다.